Peter Pitsch
W-E-L-T

Veröffentlichungen des Autors:

Über der Welt – Gedichte
Der Abtrünnige – Parabel
Asphalt Beat – Anthologie
Der Badewannnenschrat – Kinderbuch
Das Kuckucksei-Syndrom – Roman
Übelungen – Gedichte
Ins ungewisse Sein – Roman
W-E-L-T – Thriller
Sixtysix, Digital Art – Kunstband
Der arme Poet – Kinderbuch
Anwesenheit – Gedichte
Gertrude, die Wolke und der fehlende Wind – Kinderbuch
Endlos endlich – Erzählung
Sixty Seven, Digital Art – Kunstband
Gertrude und Wilmar auf großer Fahrt – Kinderbuch
Wicked Tale – prose & poetry
Gedesby & Lolland-Falster: Danmark for livsnydere / Dänemark für Schöngeister – turistfører / Reiseführer
stORDstrømmen Antologi – Digte / Gedichte
Sommerferien-Eiskalt!, Anthologie – Kurzgeschichte
Lys over Lolland / Licht über Lolland – fotos fra kunstudstillingen „Fugl Fønix" / Fotos von der Kunstausstellung „Der Phönix"
Gertrude und Wilmar und das Bermudadreieck – Kinderbuch
Ehe ich's vergesse – Gedichte
Kreuz-Wort-Rätsel, Anthologie – Kurzgeschichte
Før jeg glemmer det – digte
Wonderful Nykøbing: Smukke steder / Schöne Orte – Gemälde
stORDstrømmen Antologi II – Digte / Gedichte

Peter Pitsch

W-E-L-T

Thriller

Brighton Verlag GmbH

2. Auflage Framersheim Oktober 2021
ISBN 978-3-95876-832-1
Umschlaggestaltung: Peter Pitsch
Coverbild (Gemälde): Peter Pitsch
Satz: Ernst Trümpelmann
Lektorat: Brighton Lectors®

Verlag und Druck:
Brighton Verlag® GmbH, Mainzer Str. 100, 55234 Framersheim
www.brightonverlag.com
info@brightonverlag.com
Geschäftsführende Gesellschafterin: Sonja Heckmann
Zuständiges Handelsregister: Amtsgericht Mainz
HRB-Nummer: 47526
Mitglied des Deutschen Börsenvereins: Verkehrsnummer 14567
Mitglied der GLS Gemeinschaftsbank eG Bochum
Mitgliedsnummer: 58337
Genossenschaftsregister Nr. 224, Amtsgericht Bochum

Dieses Werk, einschließlich seiner Teile, ist urheberrechtlich geschützt. Jede Verwertung außerhalb der engen Grenzen des Urheberrechtsgesetzes ist ohne schriftliche Genehmigung des Verlages unzulässig. Dies gilt insbesondere für die elektronische oder sonstige Vervielfältigung, Übersetzung, Verbreitung und öffentliche Zugänglichmachung.

Bibliografische Information der Deutschen Nationalbibliothek:
Die Deutsche Nationalbibliothek verzeichnet diese Publikation in der Deutschen Nationalbibliografie; detaillierte bibliografische Daten sind im Internet über http://dnb.d-nb.de abrufbar.

*W*ahnsinn
*E*insamkeit
*L*eidenschaft
*T*odesangst

Über der Welt zu hängen
die sich unter einem dreht
nicht selbst das Steuer führend
an einem endlos langen Seil
mit den Füßen
die eben noch liefen
kopfüber schrei ich hinein.

Peter Pitsch

Tag X

Das Wort war Wirklichkeit. *Wirklichkeit* war das erste Wort.
Gleichwohl bestand in keiner Weise zwischen diesem jäh injizierten Begriff „Wirklichkeit" und einer noch schwammigen, orientierungslosen Wahrnehmung ein Bezug. Die Frage nach dem Kern, nach Inhalt, Zweck und Ziel der plötzlich auf ihn eindringenden Bilderflut stellte sich ihm nicht. In herkömmlichem Sinne war er nicht erwacht – war weder aus einem tiefen Schlaf abrupt ins Wachdasein gefallen noch dem Zustand einer langen, Gedanken einäschernden Bewusstlosigkeit entronnen. Vielmehr hatte sein Geist, hatte sein Verstand sich entzündet an dem Phänomen der *Wirklichkeit*, ohne sich selbst als logisch und folgerichtig eingebundenen Teil von ihr, dieser Gegenständlichkeit, zu empfinden. Alles mutete ihm fremd und bizarr an, umschloss ihn von allen Seiten mit profunder Unermesslichkeit. Er war ein Beobachter zweiter Ordnung, überwältigende mannigfaltige Eindrücke wohin Ohr und Auge auch reichten, hier wie da entfesselte Töne, Bilderpuzzle, ein Wechselspiel verstörender Emotionen. Erfahrungen wie sie allenfalls ein Erblindeter, den von einer Sekunde zur anderen das *Sehen* ereilt, nachzuvollziehen imstande wäre. Gesteigert um ein Vielfaches. Die Welt spiegelte sich auf einer gekräuselten Wasseroberfläche – um mit einem Vergleich Unbegreifliches anschaulicher zu machen –, ebenso zerfließend wie gestaltlos, ebenso grell im Widerschein wie lückenlos unzugänglich. Sie war unversehens mit aller erdenklichen Macht vorhanden und entzog sich zugleich seinem Begriffsvermögen.

Da senkte sich aus dem Chaos der undefinierbaren Impressionen ein penetranter Geruch in sein Bewusstsein, und in jenem Augenblick seines Schnüffelns vollzog sich ein erster, noch vager Kontakt zur äußeren Realität.

Pisse! Entsetzlicher Uringestank, er schnupperte eine kräftige Brise, ja, Pisse, und darüber hinaus ein modriger Mief, ein Hauch von Fäkalien und ein säuerlicher, Übelkeit erregender Schweißgeruch.

Wo bin ich gelandet? Dieser überraschend zusammenhängenden Frage folgte sogleich das größte aller Rätsel: *Wer bin ich?*

Den Körper bewegend so als wäre er ein Gigant auf dem Rücken einer Schrottlawine, stemmte er sich in die Höhe. Nichts als Müll und Dreck und plastikbunte Verwesung um ihn her. Die Sonne am Firmament stach in seine Augäpfel mit grellen Blitzen. Eine mit Graffiti übersäte Mauer fiel in seine Richtung und richtete sich im Bruchteil einer Sekunde erneut auf. Vibrationen. Signale. Aus der Ferne ertönte das langgezogene Tuten eines Frachters, ein rostiges, mit Containern beladenes Ungetüm auf den Wassern eines Schiffskanals. Die Konstruktionen emporragender Lastkräne, Skeletten von Dinosauriern ähnelnd, erhoben sich in Reih und Glied am Pier. Eine Hafenszenerie, die Richtung Westen, jenseits der Lagerhallen und asphaltierten Areale, in die Ausläufer einer unbekannten Stadt überging. Aus dem Häuserkonglomerat stachen Kirchtürme einer ewig angestrebten Absolution entgegen.

Langsam, wie nach tausendjähriger Bettlägerigkeit, kam er auf die Beine, sah forschend an seiner eigenen Gestalt herab und erschrak ob des Anblicks. In schmierigen Fetzen hingen ihm die Lumpen vom Leib, ein doppelt geschlungenes Seil befestigte eine aufgerissene Baumwollhose an der Taille, die Füße steckten in klobigen Halbstiefeln, denen als Schnürsenkel-Ersatz zwei Drähte dienten, und sein Torso war über und über von schimmeligen Lappen bedeckt. Hätte er seinen Mageninhalt über den

Unrat zu seinen Füßen ergießen können, er hätte es als Zeichen der Befreiung getan. Doch während er noch schwankend vor der eigenen Darstellung erstarrte, ereilte ihn die Einsicht, dass er seit geraumer Zeit, vielleicht seit Tagen nichts Essbares zu sich genommen hatte. In diesen widerstreitenden Tumult der Empfindungen mischte sich zudem eine schwer nachvollziehbare Tatsache, nämlich dass sein ausgemergelter Körper die Quelle des Gestankes war.

Es trieb ihn hinunter zum Kai, zur Reinigung des vernachlässigten Leibes, seine Beinmuskulatur war verkümmert und sein Gang zögerlich. Heruntertappend von dem Müllberg, von Fliegen umschwirrt, ging er Schritt für Schritt gen Hafen, im Stillen ersehnend, dass der Akt der Reinigung seine Menschlichkeit freilegen würde.

Über einen Schotterweg nahte auf sechs Rädern ein haushoher Riese, hinter seinem Heck erhob sich eine Wolke aus Staub. Am Steuer erahnte man einen Schatten, das Kühlergitter war zum Zermalmen geschaffen, ein Nummernschild wollte sein Geheimnis nicht preisgeben.

Wo bin ich? Eine Ahnung stieg in ihm auf: 200 Meter entfernt, in einem flachen Gebäudekomplex, wähnte er die Waschräume der Hafenarbeiter installiert. Frisches Wasser und das Labsal einer Dusche. *Bin ich schon mal dort gewesen?*

Es peinigte ihn, dass jede vage Erinnerung postwendend eine Unzahl neuer Rätsel aufwarf. Womöglich war diese einschläfernde Stimme in seinem Schädel, die fortwährend als Endlosschleife von zehn auf eins herunterzählte, mehr noch als der instinktive Versuch, seinen Gedanken Halt und Struktur zu vermitteln.

Er kam zu einer unverschlossenen Tür, eingebettet ins Rot der Barackenwände. Niemand verweigerte ihm den Zutritt, kein Mensch schien von dem Penner Kenntnis zu nehmen. Die Arbeit an den Anlegestellen und den Docks, in den Bäuchen der Frachträume nahm ihre Handlanger in Beschlag. Er hörte die hohen Frequenzen unermüdlich laufender Motoren, den seelenlosen Singsang mobiler Maschinenwesen.

Er trat ein. Zur Rechten schnurgerade aufgereihte Holzbänke, zu seiner Linken eine Parade schmaler Metallschränke, versehen mit je einem Namensschild. Sein Gehirn nahm vorprogrammierte Funktionen auf. Zu seiner Erleichterung registrierte er, dass ihm das Alphabet geläufig war, obschon die Namen einen fremdartigen Klang hinterließen.

M. Sørensen, T. T. Leth, K. Petersen, Sabroe, Hybel, Sune Larson. Die grundlegende Frage nach der Beschaffenheit seines Aufenthaltsorts wurde abgelöst von einer spezifischeren Erwägung. *In welchem Land bin ich?*

Die Duschkabinen, fünf an der Zahl, befanden sich am hinteren Ende der Spindreihe. Als sein Blick auf den Wandspiegel oberhalb eines Waschbeckens fiel, fuhr der Schock durch Hirn und Gedärme; sein Bildnis traf ihn wie ein Rammbock und raubte ihm den Atem. Er wich zurück vor dieser schuppenflechtigen Kreatur, den Inbegriff eines heruntergekommenen Vagabunden. Aus einem eingefallenen Gesicht, umwuchert von schmutzigen Haaren, starrten zwei Totenaugen ihn an.

Mein Gott! So schlimm!

Eilends schälte er die Lumpen von seinem Körper, der eines mageren, von Flecken übersäten Zombies. Das Wasser prasselte auf seine Schädeldecke, lief herab wie ein Balsam, verwandelte ihn zurück in einen Menschen.

Die Litanei in seinem Geist verstummte.

Die Schranktüren waren mit Schnappschlössern gesichert. Durch wenig Kraftaufwand, mit Hilfe eines Drahtes vermochte er eine Öse aus der Halterung zu lösen. Sein Herz wummerte weniger aus Furcht vor Sanktionen, als vielmehr vor Freude. Nacheinander zog er eine Jeans an, ein kariertes Hemd und eine Wildlederjacke und schob zuletzt seine Füße in übergroße, schwarze Schuhe.

Nein, er hatte keinen blassen Schimmer, was mit ihm geschehen war, wie er in dieses Dilemma geraten war. Aber umhüllt von der Kleidung eines Unbekannten (so paradox es anmutete) wähnte er sich näher an der Auflösung des Mysteriums.

Eine Person indes, der die eigene Identität nicht geläufig ist, steht in gesellschaftlichem Kontext auf verlorenem Posten. An wen hätte er sich wenden sollen? Das Ausmaß seines Gedächtnisschwunds verhinderte jede Form der Kontaktaufnahme. Ohne Möglichkeit auf Identifikation verwarf er den Gedanken, sich in die Obhut der Polizei zu begeben, sich auszuliefern auf Gedeih oder Verderb. Seine vorrangigen Ziele waren von banaler Natur. Er wollte etwas Essbares finden und dann ein Messer oder eine Schere auftreiben, um den Bart zu entfernen und seine Haare zu bändigen.

Mithin geriet er immer tiefer in die Straßenschluchten der fremden Stadt. Verkehrslärm, Menschenmassen wogten dahin. Er hörte Satzfetzen, aufspritzend aus dem Stimmengewirr.

„... som du ved, er vi ..."
„Jeg har glemt ..."
„... i morgen er jeg ..."
„Kommer du måske senere ..."
„... vil det sige, at han ..."
„... for fanden da, er du ikke ..."
„Mor, jeg vil bare ..."

Plötzlich öffnete sich in seinem Verstand eine Schleuse. Assoziationen, ineinander verwobene Gedankenmuster und Bruchstücke von Erinnerungen. Die Lettern der Straßennamen vergeudeten sich nicht länger ins Leere, stattdessen formten sie einen nachvollziehbaren Sinn. Anhaltspunkte, denen er sich anvertrauen konnte.

Unvermittelt nahm der Himmel eine purpurfarbene Tönung an und ein sphärisches Leuchten badete alles in ein Zwielicht. Mit heftigen Kontraktionen schwebte über seinem Haupt ein Tintenfisch, und aus einem geöffneten Torbogen sprühte ein Funkenregen. Ein Neutronenbeschleuniger erfasste ihn und raste ins Runde. Seine Beine gaben nach und er fiel auf die Knie.

Nach einer Weile kehrte die Umgebung zu augenscheinlicher Normalität zurück.

Zielstrebigen Schrittes gingen die Leute vorbei, gönnten ihm keine Beachtung. Nichts als hastige Aktivität und Vorwärtsdrang. Schuhe klapperten übers Pflaster und die Gespräche setzten sich fort.

Kopenhagen!

Nun wusste er, an welchem Ort er gestrandet war, konnte der unmittelbaren Umgebung einen Sinn entlocken. *Vestergade*, das Wort schlug eine Spalte ins Dunkel der Vergangenheit und beleuchtete Teile der Erinnerung. Ein weiteres Stück Puzzle fiel an seinen Platz.

Immer neue Fragen drängten heran: *Ist diese Sprache meine eigene?* Zweifel hielten dagegen, manch ein Laut irritierte das Gehör.

„Har du det godt?"

Geht es dir gut?, fragte plötzlich eine Stimme, während eine Hand seine Schulter berührte. Er blickte empor, sah in die Augen einer Frau.

„Ja, jeg har det godt", erwiderte er auf Dänisch und rappelte sich hoch.

Die Frau rang sich ein Lächeln von den Lippen, wandte sich zum Gehen.

Sofort traf ihn der Schmerz des Verlustes. „Wait, don't!", rief er ihr nach.

Woraufhin die Frau innehielt und ihn musterte. Sein inneres Auge projizierte ein Bild: ein bärtiger, abgemagerter Vagabund. Die Schöne und das Biest. Sein Vorhaben war zum Scheitern verurteilt. Anstatt sich weiter an ihre Wärme zu klammern, sprach nun die Stimme des Opportunisten.

„I'm sorry, do you have some money for me? I haven't eaten anything in days ..."

Ihre Mundwinkel huschten ein verächtliches Stück nach unten, doch sie nickte nur und fischte eine Münze aus der Geldbörse.

„Værsgo!"

Kaltblütiger Engel. Sie drehte ihm den Rücken zu, und gleich darauf wurde sie von der Menschenmenge absorbiert.

Er war wieder allein.

Nähe distanziert

Taumelnd zwischen den Palästen des Konsums.

Er streckte die Hand aus. *Sie werden entschuldigen, hätten Sie vielleicht etwas Kleingeld für mich?*

Von „Mac Donald" über „Magazin" bis hin zu „Saturn", das Raumschiff war gelandet, ein krasser Schritt für den Menschen, ein gigantischer Sprung für die Seele. Unheimliche Begegnung der dritten Art.

Darf ich Sie um ein paar Münzen bitten?

Geläut der Kassenapparate, die Stimme eines Toten aus dem Fahrstuhlschacht: „Imagine all the people …" Kreditkarten, Computerprogramme und Überwachungskameras, Telefonjunkies, abertausend substanzlose Nachrichten, der Äther schwirrend vor Worthülsen. Zurschaustellung, Spiegelkabinett, Spekulanten, Fassaden auf Hochglanz poliert. Kultivierte Oberflächlichkeit, pervertierter Sensationshunger, bizarrer Voyeurismus.

Hunderte Erdbebentote!

Baby im Tiefkühlfach!

Behinderter von Dogge zerfleischt!

Models ohne Make-up!

Opa auf Rastplatz vergessen!

Gedächtnis verloren!

Könnten Sie mir bitte helfen? Nur ein paar Kronen.

Auswurf der Gesellschaft, namenloser Abschaum, ein Obdachloser. Im Arm ein Leib Brot, ein Stück Gouda und 0,33 L. Apfelsaft.

„He, hier kannst du nicht liegen bleiben!" Der Ton des Ordnungshüters gestattete keine Widerrede. „Such dir einen anderen Platz zum Pennen!"

Das Kaufhaus hatte ihn ausgespuckt, auf einer Bank war er niedergesunken, hatte Bissen für Bissen die Nahrung verschlungen und sein Überleben gesichert. Unter dem Ansturm der Geschehnisse konnte er die Gegenwart nicht länger aufrechterhalten; sein Oberkörper war zur Seite geglitten und Dunkelheit hatte erneut seinen Geist übermannt.

Wörter lösten sich von seinen Lippen: „I orden, jeg skal nok gå." In Ordnung, ich gehe ja schon.

Niedrig stand die Sonne am Himmel, über den Dächern Kopenhagens färbte sie die Wolken mit rötlichen Schleiern. Sein Weg führte über den Axel Torv zur Mündung der Vesterbro Gade. Die Gesichter der Leute blieben verschlossen.

Am Tresen einer Drogerie steckte er heimlich Schere und Nassrasierer ein, derweil er für den Luxus einer Zahnbürste 20 Kronen bezahlte. Eine öffentliche Toilettenanstalt war die nächste Anlaufstation, wo er sich von dem Haarwuchs und seinem Bart befreite. Um Jahre verjüngt ging er in der Abenddämmerung durch die Absolonsgade.

Heerscharen von Nutten, bewaffnet mit Stilettos und Miniröcken, umgarnten ihn mit der Anziehungskraft fleischfressender Pflanzen. Die Sinnbilder männlicher Vulgarität appellierten an seine Geilheit, doch er währte den Angriffen und flüchtete in einen Pub. Im Halbdunkel der Kneipe hingen etwa zehn, zwölf Trinker in unterschiedlichen Stadien des Verfalls. Sie drehten ihre Brummschädel zur Seite und starrten ihn an.

Der Wirt sorgte hinter der Theke für Nachschub. Aus einer Jukebox schepperte ein Lied: „... *gimme, gimme, gimme your love after midnight.*" Er stellte sich neben einen Trinker an den Tresen.

„Was darf's sein, Kumpel?"

Das Gesicht des Barkeepers schuf wenig Vertrauen. Neben den

Flaschenreihen war eine Preisliste befestigt. Er wägte den Wert seiner Münzen ab, bestellte ein Bier und einen Schnaps zur Linderung seines Befindens. Dann stemmte er seine Ellbogen auf die Theke und starrte ins Leere. Und die zurückliegenden Ereignisse passierten Revue.

Der Wirt stellte die Gläser auf den Tresen und musterte seinen Gast.

„Sag mal", begann er, „kennen wir uns nicht?"

Was hätte er da antworten sollen? Von den Toten auferstanden, war er wortwörtlich auf der Suche nach Identität und einem Zusammenhang im Verwirrspiel des Lebens.

„Schon möglich", entgegnete er, wobei er den Kopf zur Seite neigte. „Wieso?"

Der Wirt: „Bist du schon mal hier gewesen?"

Aus unerfindlichen Gründen wurde er nervös.

Er kippte den Schnaps hinunter und fischte seinerseits im Trüben: „Nicht dass ich wüsste ... obwohl, denkbar ist es schon. Hast du mich hier schon mal gesehen?"

„Glaube ja."

„Allein? Oder war noch jemand bei mir?"

Der Barkeeper hob eine Augenbraue, aus seiner Sicht nahm das Gespräch absurde Züge an. Wie um dem Spuk ein Ende zu bereiten, winkte er ab: „Wenn du es nicht mehr weißt, tja ... ich weiß es auch nicht!"

Es lag an seiner Verfassung, dass Schnaps und Bier einschlugen wie eine Abrissbirne. Er rutschte vom Barhocker und stolperte von Rauchschwaden umwogt auf die Straße hinaus. Draußen wurde er zum leichten Opfer.

„Na Kleiner, heute schon gevögelt?"

Eine Blondierte trat aus dem Schatten einer Hauswand. „Für 200 Kronen lutsch ich ihn dir ab!"

Sie machte nicht viel Federlesen, griff ihm zwischen die Schenkel und rieb seinen Hosenlatz. Mangels Unterwäsche, die seine

Erektion hätte in Zaum halten können, pochte sein Schwanz gegen den Reißverschluss.

„Nein-nein, danke, ich-ich habe kein Geld", stotterte er, und versuchte sich aus ihrem Griff zu befreien.

Ihr Grinsen war breit gefächert, die üppig aufgetragene Schminke bekam Risse.

„Wie ich das sehe", fuhr sie fort, „hast du's aber ziemlich nötig."

„Ich bin pleite", stieß er hervor.

Sie hatte bereits den Reißverschluss seiner Hose geöffnet und hielt seinen Penis zwischen ihren Krallen.

„Aber hallo!", bescheinigte sie. „Bei dem hier mach ich's glatt für die Hälfte."

Die Kolleginnen kicherten Beifall.

Ehe er sich dessen so richtig versah, war er hündisch hinter ihr her gewackelt und der Funzel eines Garagenhofs ausgeliefert. Auf allen Vieren, mit heruntergelassener Hose, rutschte er über den Boden. Er starrte gebannt auf ihre Vagina, zu gleichen Teilen Ekel und Lust erregend. Schamlippen, an denen er lecken wollte von früh bis spät. Darin versinken, neu geboren werden, herber Geschmack auf der Zunge, rasches Rein und Raus, Rein und Raus. Abgesang, seliger Schauer, alles vertilgende ... Befriedigung.

Plötzlich stand sie über ihm, zupfte an ihrer Kleidung, unterdrückte den Ekel.

„War schön ...!", log sie gnadenlos. Dann hustete sie auf ihn herab.

„Also ... äh, ich kriege 200 Mäuse für den schnellen Fick."

Schlagartig lagen seine Sinne wieder frei. Er zog sich an einem Geländer empor, stand der Nutte gegenüber.

„Tut mir leid, ich habe tatsächlich kein Geld, du hättest mir glauben sollen."

Einen Schritt zurückweichend, griff sie schnaubend in ihre Handtasche und förderte einen Gegenstand zutage. Glühwürmchen entflammten, als sie das Handy ans Ohr hob.

„Willst du mich etwa verscheißern, Alter? Du hast mich gefickt, also musst du zahlen, so einfach ist das!"

Ach, Niedertracht des Schicksals, er würde die ganze Welt umarmen, wenn die Dinge so einfach lägen!

„Hör zu, ich kann dir das Geld ein anderes Mal bringen, wenn du damit einverstanden..."

„Von wegen!", fuhr sie ihn an. „Du hast noch zehn Sekunden, um die Kohle rauszurücken!"

Fünf, sechs Schritte entfernt ging eine Hintertür, woraufhin ein Schatten durch den Torbogen über der Ausfahrt glitt. Er nutzte die Gelegenheit und lief zur Tür, die sich automatisch zu schließen begann. Ehe der Lichtspalt ganz verschwand, riss er an der Klinke. Das Gefühl der Erleichterung war von kurzer Dauer; aufwärts endete eine Treppe nach wenigen Stufen vor einer Ziegelmauer, auf die jemand *GROTTE* gesprüht hatte.

Das Leuchten einer Lampe, von Insekten getrübt, wies ins Kellergeschoss. Als er unten angekommen war, versuchten seine Augen das Halbdunkel zu durchdringen. Er hatte das Gefühl, die verborgenen Abgründe seines Wesens auszuloten.

Seine Füße schabten über einen Untergrund aus Zement, seine Finger ertasteten die Unebenheiten einer Wand. Eine mögliche Antwort scheute er mehr als dieses Nichts. Die Frage wagte er nicht einmal auszusprechen: *Ist hier jemand?*

Weit voraus, einem Anglerfisch gleich, glimmte am gegenüberliegenden Ende eine Lichtquelle. Automatisch übernahm das ferne Leuchten die Steuerung seiner Schritte. Endlich führten ihn ein Dutzend Treppenstufen aus der Unterwelt zurück an die Oberfläche. Kopenhagen breitete sich erneut vor ihm aus. Eine Großstadt, die ihm weiterhin fremd war.

Nachforschungen

Vierhundert Kilometer Richtung Süden, über Felder, Ländereien und das baltische Meer hinweg, saß Privatdetektiv Mangold-Larson und rieb seinen Rücken an einer Stuhllehne. Ein Blick aus dem Fenster bestätigte ihm, dass der Feierabendverkehr aus jedem Winkel der Hamburger Innenstadt quoll. Seine Stadt war ein modernes Babylon.

„Ihr Sohn ist also seit zwei Jahren spurlos verschollen?", wiederholte er das eben Vernommene, wobei er die Information im Gedächtnis abspeicherte. „Ihrem Wissen nach hat er bis zuletzt in Kopenhagen gewohnt?"

Mehrere Sekunden verstrichen, ihm gegenüber keimte die Saat der Hoffnung. Pathos aus einem bunten Disneyfilm. Mangold-Larson verabscheute derlei Sentimentalität. Zudem quälte ihn das Bedürfnis, sich eine Spur Kokain einzuverleiben.

Er verschränkte seine Hände über dem Bauch. „Lebte er allein?"

Frau Elsa Bach, ein kleines Persönchen um die Siebzig, schüttelte den Kopf.

„Nein, nein. Er lebte mit einer Dänin zusammen, deshalb ist er ja seinerzeit in Kopenhagen geblieben, wegen dieser Maya. Eigentlich ein nettes Mädchen, ich habe sie zweimal getroffen. Das erste Mal als ich ein paar Tage auf Lolland verbracht habe, und das nächste Mal als Walter und Maya über Weihnachten bei mir waren. Ich mochte sie ganz gern, wie gesagt, ich will nichts Schlechtes über sie verbreiten, aber…"

Frau Bach entglitt ein Seufzer, bevor sie im selbstgerechten Ton fortfuhr: „Jedenfalls wäre Walter heute noch bei mir, wenn er diese Maya nicht kennengelernt hätte. Seit über einem Jahr habe ich keinen Kontakt mehr zu ihr! Sie hat sich unversehens von mir abgewandt, hat behauptet, das Leben müsse schließlich weitergehen, ich solle nach vorne schauen und solche Sachen. Als wäre das so ohne weiteres möglich. Ich bin doch seine Mutter, ich kann nicht so tun als ob ... ich kann doch nicht... "

Der Privatdetektiv unterband ihren Redefluss und verkürzte das Drama: „Ich verstehe, ich verstehe ... Und? Hegen sie den Verdacht, dass diese Maya mit dem Verschwinden ihres Sohnes in Verbindung steht?"

„O nein!", empörte sie sich. Nach einer Pause: „Das heißt, nicht wirklich ... Ich meine, nun ja, seit sie so plötzlich, Sie wissen, den Kontakt abgebrochen hat, wer weiß, weshalb sie... "

„Und wie lange waren die beiden ein Paar?"

„Ach", stöhnte sie. „Achtzehn Monate, was ist das schon? Deshalb fiel es ihr offenbar so leicht, die Sache abzuschließen. Aber ich ... ich ... mein Gott, ich habe ihm das Leben geschenkt, ihn großgezogen, habe meinem Sohn ... Kennen Sie das? Ich meine, haben Sie selber Kinder? Walter war erst fünfunddreißig, wie soll man da ..."

Mit dem Handrücken wischte sie die Feuchtigkeit aus den Augenwinkeln, ihre Stimme war voller Qual: „Eine Mutter spürt so was: ich glaube, dass Walter noch am Leben ist, egal was die anderen mir einreden wollen! Mein Sohn lebt noch, hören Sie, ihm ist irgendwas Schlimmes zugestoßen, was denn sonst – die Welt dort draußen ist ein Tollhaus."

Über den Bildschirm seines Computers breiteten sich gestaffelt nach ihrer Bedeutung Dutzende von Informationen aus. Die Personen-Suchmaschine hatte den Namen Walter Bach buchstäblich erfasst und innerhalb weniger Sekunden durch ihre effiziente digitale Mangel gedreht. Neben einem vage formulierten Bericht bezüglich seines Verschwindens, stieß insbesondere eine Zeitungsmeldung auf sein Interesse.

Patient von schwerer Nervenerkrankung geheilt.
Kopenhagen. Walter Bach (34), der jahrelang an einem schweren Fall des Gradenigo-Syndroms litt, wurde nach der Behandlung mit dem Medikament Genophostat – gezieltes Resultat medizinischer Forschung – als vollständig gesundet erklärt. Wie der leitende Arzt des Klinikums Sønderbakken, Doktor Steen Kofoed, der Presse gestern mitteilte, ist die Erkrankung, die mit beträchtlichen Schwindelanfällen und einer Lähmung der Augenmuskulatur einhergeht ...

Seine Finger huschten erneut über die Buchstabenreihen der Tastatur, Seite auf Seite miteinander verlinkt, öffnete sich das Reich der Neurologie. Weißer Kokainstaub bahnte sich derweil einen Zugang über die Nasenschleimhäute zu den Rezeptoren, um den euphorischen Genuss biochemischer Signalprozesse einzuleiten. Pausenlos malmten seine Backenzähne auf der weichen Masse eines Kaugummis mit Erdbeerflair, und seine Pupillen zuckten über die Definition einer neurologischen Erkrankung.

... Eine chronisch-entzündliche Infektion (Osteomyelitis) von bestimmten Strukturen der knöchernen Schädelbasis, nämlich der sogenannten Pyramide des Felsenbeines. Die Verdickung der Knochen und des Pannusgewebes komprimiert die Hirnnerven und verursacht dabei folgende Symptome (Gradenigo-Trias): Augenmuskellähmungen, starke Schmerzen im oberen Gesichtsdrittel und Auge sowie Mittelohrentzündung. (Quelle: Krankheiten de.)

„Du meine Güte!", ächzte Robert angewidert, und spuckte als Reaktion darauf das Kaugummi in den Papierkorb. „Da vergeht einem ja der Appetit!"

Eilends wanderte er den lotrechten Balken mit gespeicherten Verlinkungen abwärts und verschaffte sich den Zugang in die sagenumwobenen Welten der *Liquidator*-Tempelanlage. Er gelangte zu den Rekreationsräumen der Hochsicherheitszone, wo er seinen bevorzugten Streiter gegen die Mächte der Finsternis, den tödlichen „Xenomorphen", aktivierte. Ausgestattet mit einem doppelläufigen Pulsotronen-Werfer, einem schräg über den Brustkorb gespannten Metallgurt, an dessen Ösen ein Dutzend potenter Skittfitter-Granaten baumelten, und natürlich den unverzichtbaren Langsäbel *Megazapper*, machte er sich auf die Suche nach den Horden des Erzfeindes Vendor Khan. (Dem hinterhältigen Adversarius, der seit jeher die Kontrolle über den Planeten umspannenden Tempelbau erlangen wollte.) Auf dem ersten Level seines Vormarsches bekam er es mit einem vierarmigen *Taurus-Myloniten* zu tun, machte kurzen Prozess mit dem Feuer spuckenden Hampelmann und begab sich furchtlos in die nächste Kammer des weit verzweigten Tempelsystems.

Ursprünglich war Mangold-Larson gelernter Bankkaufmann, zwölf Jahre lang hatte er für den Elektronikkonzern Brinkmann die Position eines Anlageberaters bekleidet. Zeitweise war er sowohl in Island als auch im Königreich Dänemark stationiert gewesen, um vor Ort die diversen Investitionen einer Begutachtung zu unterziehen. Die Privilegien seiner Stellung hatte er zum eigenen Vorteil auszunutzen verstanden und gelegentlich den ein oder anderen Geldbetrag abgezweigt und dem Bankkonto seiner Ehefrau zugeführt.
Im Zuge der Untersuchungen wurden keine eindeutigen Beweise sichergestellt und eine offizielle Anklage war nie erhoben worden, dennoch musste er am Ende des internen Tauziehens das Haupt beugen und die Schlüssel des Firmenwagens seinem Nachfolger aushändigen. Weit schlimmer allerdings als die unehrenhafte Entlassung traf ihn der Umstand, dass seine Frau fremdgegangen war und zur Krönung ihrer Untreue mit dem Liebhaber und sämtlichen „Ersparnissen" das Weite gesucht hatte. Dank seiner Nachforschungen, die Robert in der Folgezeit über drei Kontinente ausgeweitet hatte, konnte er Conny und ihren Gigolo im argentinischen Hochgebirge ausfindig machen. Von der Viertelmillionen, um die sie ihn geprellt hatten, war dem

Anschein nach nur ein winziger Bruchteil geblieben. Obwohl er eine Kugel des Kalibers 8mm in die Kniescheibe des verdammten Hurensohns gejagt hatte, hielten die beiden an ihrer Beteuerung, das Geld in Buenos Aires verpulvert zu haben, unbeirrt fest. Wie hätte er da, abseits der Zivilisation, ringend mit den Dämonen seines Hasses, den Finger wieder vom Abzug nehmen können? Noch heute hallten die Schüsse in seinen Ohren wider – Ruf seines Gewissens.

Die anschließende Berufswahl betrachtete er als logische Konsequenz dieser Odyssee. Wochen später hatte er mithilfe eines kleinen Darlehens ein Detektivbüro eröffnet, um sich künftig für eine zahlungswillige Kundschaft als Spürhund zu verdingen. Kaum verwunderlich, begegnete er den zahlreichen Zeugnissen des Ehebruchs mit größtem Feuereifer, lieferte stapelweise Indizien in Form von verräterischen E-Mails, Tonaufnahmen und Kontoauszügen oder schlüpfrigen Fotografien. Sollten im Verlauf seiner Ermittlungen einem Auftraggeber moralische Bedenken ereilen, konnte durchaus der Fall eintreten, dass er auf eigene Faust und demnach völlig unentgeltlich weitere Recherchen anstellte. Seit acht Jahren war er im Geschäft und kannte sämtliche Tricks und Methoden des Gewerbes aus dem Effeff. Für ihn bedeutete das Aufspüren vermisster Personen keine Seltenheit; dem aktuellen Auftrag maß er dennoch einen höheren Stellenwert zu, obwohl er den Ursprung seiner Ahnung nicht bestimmen konnte. Rein instinktiv spürte er, dass sich hinter den gesammelten Daten und Fakten, soweit sie von Relevanz schienen, etwas Ungewöhnliches verbarg.

Paralleluniversen

Er war außer sich vor Jähzorn, nie zuvor hatte jemand Freddy einen Lahmarsch gescholten! Schlimmer noch, Svetlana und die anderen Fotzen waren die dümmsten Huren der Stadt, jede Nacht derselbe zickige Scheiß!

„WIE HAST DU MICH EBEN GENANNT?"

Es war an der Zeit, ein nachhaltiges Exempel zu statuieren. Seine Strafmaßnahme hinterließ einen rötlichen Fleck auf Svetlanas Wange.

„DU BLÖDE SCHLAMPE, LERNST DU ES DENN NIE?!"

Sie senkte das Haupt, legte Rechenschaft ab: „Der Typ war mein erster Kunde, er kam grade aus der Kneipe, angetrunken und so, da hab ich ihm..."

„IRGEND SO EIN BESOFFENES ARSCHLOCH ABGESCHLEPPT, DAS HAST DU!"

In Erwartung der nächsten Ohrfeige duckte sie sich. „Was hätte ich denn machen sollen? Schließlich sind zu viele Frauen auf der Straße, und jetzt auch noch die Afrikanerinnen. Die Freier bleiben aus, heutzutage will keiner seine Kohle rausrücken!"

Freddy stapfte hinüber zu der versperrten Hintertür. Wutschnaubend rappelte er an der Klinke und trat mit den Cowboystiefeln gegen das Hindernis.

„DU VERDAMMTES SCHWEIN!" (*Bumm! Bumm! Bumm!*)
„DU ARSCHLOCH, WENN ICH DICH ERWISCHE!" (*Bumm! Bumm! Bumm!*)

Er besann sich eines Besseren. „ACH SCHEISSE, DER KERL IST SOWIESO LÄNGST ÜBER ALLE BERGE! DER HAT DICH ABGEZOGEN, DU BLÖDE FOTZE!"

Er verlor vollends die Kontrolle, Svetlana entglitten die Gesichtszüge, als seine Faust mit ungebremster Wucht ihren Unterkiefer zerschmetterte. Das Knacken eines Knochens verriet, dass ihre Lippen sich für geraume Zeit allenfalls um einen Strohhalm schließen würden. Der Absatz ihres Schuhs blieb in einer Vertiefung stecken, sie griff ins Leere, stürzte rückwärts und schlug mit dem Hinterkopf aufs Pflaster. Im Kopf ein Gedröhn wie das Brummen eines Generators, ihr Bewusstsein zerfranste an den Rändern, sie fiel in einen See aus Schwärze.

Entspann dich, so ist's recht! Ich beginne jetzt zu zählen, alles ist in bester Ordnung! Konzentriere dich auf meine Stimme: Zehn, neun – du gleitest in einen Zustand der Geborgenheit – acht, sieben – langsam sinkst du weiter – sechs, fünf – lässt die Alltagssorgen hinter dir – vier, drei – findest zu deinem Kern zurück – zwei, eins – erreichst die niederen Bereiche deiner Seele ...

Weder Ratten noch Schlangen, weder Kakerlaken noch Spinnen huschten durchs Kellergeschoss. Aus keiner dunklen Ecke schoss eine Mörderfratze, keine Folterkammer tat sich auf, um einen blutigen Torso zu enthüllen. Niemand fasste ihn bei der Schulter und zog ihn ins Verderben.

Als plötzlich ein brachiales Hämmern ertönte: *„BUMM! BUMM! BUMM!"*

Das Adrenalin pumpte, er beschleunigte seine Schritte und legte die letzten Meter zurück. Der Lichtkegel am Fuße einer zweiten Kellertreppe rückte in greifbare Nähe. Er hastete die Stufen aufwärts; hinter der Tür empfing ihn ein kleiner Hof, dahinter säumten Häuserreihen eine Gasse. Er gelangte zu einem Müll umspülten Areal, stieß auf Bahngleise, sechs an der Zahl. Parallel verlaufende Venen, die den Moloch einer Metropole mit Nachschub versorgten.

Zur gleichen Stunde kam ein 66'er Mercedes um die Hausecke an der Østervoldgade-Sølvgade gebraust. Sein Ziel war das exklusive Kjelds Diner Restaurant am östlichen Ende der Købmagergade. Eine prestigeträchtige Flotte glänzender Limousinen hatte auf den hauseigenen Parkplätzen Stellung bezogen. Einzig die eisblaue Farbgebung des Kabrioletts stach aus der Potenz der Mächtigen hervor und verdeutlichte den Status seines Besitzers: Doktor Steen Kofoed, ruhmreicher Visionär und kreative Lichtgestalt im Tempodrom der Medizinalforschung.

Zu Tisch saßen der Vorsitzende des Instituts für Serumsfoschung Doktor Bjarne Jakobsen, der Gesundheitsminister des dänischen Königreichs Carsten Thomasen sowie der Chef der Vanderberg Laboratorien Doktor Emil Skelby (in Begleitung seiner fast vierzig Jahre jüngeren Geliebten). Darüber hinaus der Leiter der Allgemeinmedizinischen Fakultät bei Århus Doktor Peter S. Hansen Junior.

Als Letzter gesellte sich Doktor Steen Kofoed zu der elitären Gruppe, Betreiber des Klinikums Sønderbakken und Initiator der verheißungsvollen Multi-Event-Forschung. Im Mittelpunkt ihrer geschäftlichen Unterredung standen die absehbaren Konsequenzen einer von Staats wegen erwogenen Kürzung wichtiger Subventionen. Bislang waren große Geldsummen der medizinischen Landgewinnung innerhalb der Psychophysik zugute gekommen. Als größter Leidtragender im Falle einer Durchsetzung umfangreicher Sparmaßnahmen ergriff Doktor Kofoed das Wort.

„Meine Herrschaften, Sie alle sind weitestgehend mit den Einzelheiten meiner Arbeit und den nachweislich damit verbundenen Erfolgen vertraut. Welch enormen, ja verheerenden Rückschlag eine Verknappung der Gelder für meine Forschung bedeuten würde, muss ich Ihnen nicht vor Augen führen. Gerade die Verbindung zwischen den Bereichen Neurologie, Psychotherapie und eine gezielt angewandte Pharmakologie hat der Medizin die jüngsten Durchbrüche in der Bekämpfung diverser Nervenerkrankungen beschert. Insbesondere das von mir entwickelte Medikament Genophostat hat im Einklang mit psychoanalytischer Methodik bahnbrechende Wirkung erzielt. Zahlreiche Genesungen von bis dato als unheilbar klassifizierten Patienten sprechen ihre deutliche Sprache und haben bewiesen, dass die spezifischen Untersuchungen im Rahmen der Krankenbetreuung uneingeschränkt weiterlaufen müssen."

Emil Skelby, der noch immer seine rechte Hand im Schoß der blutjungen Ukrainerin vergraben hatte, erkühnte sich zu der Formulierung: „Zumindest der Staatskasse dürfte es nicht schaden, wenn uns Vorreitern der modernen Arzneiforschung neben den Mitteln auch die Motivation geraubt würde."

Seine Alkoholfahne ließ die Flammen des Kandelabers erzittern.

Peter S. Hansen fiel ein in den Chor der verschmähten Genies: „Die Regierung unseres Landes wäre freilich gut beraten, seine Experten im Dienste der Medizin als unentbehrlich anzuerkennen", heizte er die Stimmung an, „anstatt die kompetenten Häupter der Mittellosigkeit auszuliefern. Scharenweise treibt es unsere besten Akademiker in die offenen Arme der Saudis oder der Amis."

Da fühlte sich der Gesundheitsminister zu einer Erwiderung verpflichtet. „Noch ist keine verbindliche Entscheidung gefallen, meine Herren", beruhigte Thomasen die erregten Gemüter. „Ich stehe weiß Gott auf Ihrer Seite, aber der Finanzminister und der gesamte Haushaltsausschuss sitzen mir seit Wochen im Genick."

Er verstellte seine Stimme, spie die Worte förmlich aus: *„Sparen, sparen, sparen, die Weltwirtschaftskrise fordert ihren Tribut, wir müssen den Gürtel enger schnallen, die guten Zeiten sind vorbei!"*

Reihum verständnisvolles Kopfnicken. Ein livrierter Kellner präsentierte den Herren die nicht minder elitäre Weinkarte; man entschied sich für einen 98'er *Riccardon de'moinet* zu 680 Kronen die Flasche. Der Betrag ließ sich – wie überdies die ganze Rechnung – als Spesenausgabe von der Steuer abziehen. Und dennoch hinterließ der teure Markenwein einen bitter-süßen Beigeschmack.

Thomasen hob beschwichtigend die Hände, sein Siegelring glänzte im Kerzenschein. „Auf jeden Fall kann ich Ihnen versichern, dass meinerseits alles Erdenkliche getan wird, um eine Kürzung der Subventionen zu verhindern. Sie haben mein Ehrenwort!"

Das Erste was er zu Gesicht bekam an diesem Morgen und das Letzte was man im Buschwerk einer öffentlichen Parkanlage erwartet hätte, war der blökende Kopf eines Ziegenbocks.
„*Mää-äää-ääh! Mää-äää-ääh!*"
War er endgültig dem Reich des Wahnsinns ausgeliefert oder gefangen in einem kuriosen Parelleluniversum?
„Ups! T'schuldigung", murmelte jemand am Rande seines Gesichtsfeldes, „ich wusste nicht, dass hier drinnen schon einer liegt, hihihi."
Der Alte zog den Ziegenbock an einer geflochtenen Schnur aus seiner Reichweite.
„*Wer...?*"
Blätter klebten an seiner Jacke und seiner Hose; er wälzte sich auf die Seite und spähte über das Gesträuch hinweg.
„Keine Angst", beteuerte der komische Kauz, „ich wollte dich nicht stören. Wir werden uns ein anderes Plätzchen zum Ausruhen suchen." Er deutete auf den Ziegenbock. „Prinz Henrik und ich."
Angesichts dieser Unsinnigkeit rutschte ihm die Frage heraus: „Wo bin ich?"
„Hihihi, wer weiß das schon?", philosophierte der Mann. „Jedenfalls ist das hier der Enghaveplads. Hast gestern wohl zu viel gebechert, wie?"
„Oder auch nicht ...", ließ er verlauten.
Gestern.
Das Wort war von Ironie geschwängert. Aber das eigentliche Mysterium lag diesem Begriff voraus, was war *davor* geschehen?
„Ich verstehe, ich verstehe", kicherte der Hüter des Ziegen-

bocks. „Warum kommst du nicht aus dem Gebüsch? Wir können uns auf eine Bank setzen. Die Bäckerin hat mir ein paar Brötchen gegeben, die Biester sind hart wie Kanonenkugeln, hihihi, aber was macht das schon?"

Er hob eine Papiertüte vor sein Gesicht, woraufhin er hinzufügte: „Mit Kaffee kann ich leider nicht dienen."

„Moment", fiel ihm ein, und er zog seinerseits eine Plastiktüte aus einem Versteck unterhalb der Sträucher. „Die habe ich letzte Nacht gesammelt", gab er zu verstehen, und wie zur Bestätigung klapperten die leeren Flaschen aneinander.

„Määh!"

„Alle Achtung!", ergänzte sein Herrchen. „Du hast ganze Arbeit geleistet."

Als er dem Buschwerk entstieg, war er voller Zuversicht. „Zuerst bringen wir die Flaschen weg, und danach genehmigen wir uns irgendwo einen Kaffee."

Ein Hauch von Seligkeit erhellte das Gesicht des Alten, imaginäre Kaffeebohnen entfalteten ihr duftendes Aroma.

Gemeinsam gingen sie über einen Kiesweg zum Ausgang der Parkanlage, von schräg oben pulste dann und wann das Sonnenlicht durch die dahinziehenden Wolken.

Fehlfunktionen

Im Laufe der Zeit hatte Elsa erhebliche Summen in private Nachforschungen zugunsten ihres vermissten Sohnes gesteckt. Selbst auf die Überbringer bedeutungsloser Hinweise war ein Geldregen niedergegangen. Im gleichen Maße wie ihre Ersparnisse geschrumpft waren, hatte ihr alltägliches Dasein an Bedeutung verloren. Die Witwe wähnte sich von Gott und der Welt im Stich gelassen, das angestrebte Ziel, die erhoffte Wiedervereinigung mit ihrem Sohn, war in weite Ferne gerückt. Gegen Ende zweier ergebnisloser Monate hatte die dänische Polizei ihre Ermittlungen eingestellt. Ebenso schulterzuckend hatte das deutsche Konsulat in Kopenhagen (nach anfänglicher bescheidener Hilfeleistung) den Fall ad acta gelegt. Eine Fortsetzung der Suche, hieß es, war mangels eindeutiger Spuren als irrational erachtet worden. Wie ein Mitarbeiter des deutschen Außenministeriums diesbezüglich zu verstehen gab, lägen keinerlei Hinweise auf ein mögliches Verbrechen vor. Erfahrungen im Umfeld ähnlicher Vorfälle hätten aufgezeigt, dass circa 70 Prozent der verschwundenen Personen aus freien Stücken untergetaucht seien.

Elsa weigerte sich, einen hypothetischen Verrat ihres Sohnes in Erwägung zu ziehen. Allen Unkenrufen zum Trotz wollte sie der Wahrheit, *ihrer Wahrheit*, Geltung verschaffen. Dahingegen waren ihre zahlreichen Ansuchen und Bittschriften – unter anderen an den Polizeipräsidenten Gustav Rödermann – allenthalben missachtet oder sogar belächelt worden. Sie focht einen aussichtslosen Kampf gegen die Panzerung der Bürokratie, wähnte sich ins Abseits geschoben und stand allein einer unmenschlichen Apparatur gegenüber. Am härtesten jedoch traf sie die Tatsache, dass ihre einstige Verbündete den Ort der Handlung aus beruflichen Beweggründen verlassen hatte und sich seither jeglicher Kontaktaufnahme verweigerte.

In den unterirdischen Laboratorien der Allgemeinmedizinischen Fakultät zu Århus starrte ein observierendes Auge durch das Okular eines 900er Sheffner-Hamilton-Mikroskops und registrierte die Flora und Fauna einer Bakterienkolonie. Das Studium des quirligen Prozesses der Vermehrung verband sich zu einer Mischung aus intellektueller Faszination und Beunruhigung. Bakterien hatten vor Milliarden Jahren ihren Siegeszug auf dem Erdball angetreten, und sie vermochten – im Gegensatz zu der hoch entwickelten Lebensform des Homo sapiens – unter extrem unwirtlichen klimatischen Verhältnissen fortzubestehen. Die ebenso winzigen wie widerstandsfähigen Einzeller, sie waren die eigentlichen Regenten unserer Biosphäre. Der Mensch andererseits war, im erdgeschichtlichen als auch im biologischen Sinne, kaum mehr als eine Eintagsfliege, bestenfalls eine Art komplexes Übergangsmodell der Natur.

Seit Walters Verschwinden hatte Pessimismus Mayas Gedanken gesteuert; einziger Lichtblick in den zurückliegenden zwei Jahren war das Angebot der Fakultät gewesen, sie in die Forschergruppe rund um den berühmten Doktor Peter S. Hansen zu integrieren. Wessen Fürsprache sie diesen unerwarteten Karriereschub zu verdanken hatte, entzog sich bislang ihrem Wissen. Den Ruf der Fakultät hatte sie als Wink des Schicksals akzeptiert. Hatte ihren Hausstand aufgelöst und wohl oder übel einen Schlussstrich unter die Kopenhagener Zeit und ihre Vergangenheit gezogen. Hinter sich gelassen hatte sie einen Ort, wo in jedem stillen Winkel und an jeder vertrauten Ecke ein Phantom spukte: Walters metaphysischer Schatten. Der Wechsel von Kopenhagen nach Århus hatte ihr seelische Erleichterung verschafft und ihre Sehnsüchte langsam verblassen lassen.

Die Bakterien wimmelten zu Tausenden und riefen der Biologin die Anforderungen ihrer Arbeit ins Gedächtnis zurück. Maya registrierte eine abnorme Neurom-Fluktuation und manövrierte ihren Kopf über ein aufgeschlagenes Notizbuch, um den Vorgang in Gestalt fachspezifischer Begriffe zu dokumentieren.

„Kommst du später mit in die Kantine?", wollte Doktor Morten wissen, hoffend auf eine barmherzige Resonanz.

Sie hob abwesend den Blick. „Ja, klar ... meinetwegen", murmelte sie, noch im Niederschreiben begriffen.

Doktor Morten ließ nicht locker: „Wahrscheinlich gibt's Kartoffelbrei, hähä, wie üblich."

Leichte Unsicherheit schwang in seinem Gelächter. Monatelang hatte er sich vergebens um die Gunst der Biologin bemüht, bis eine flüchtige Berührung vor wenigen Tagen den Anstoß zu frischer Motivation geliefert hatte.

Maya Rasmussen, Objekt seiner sexuellen Fantasien. Beharrlich tauchte sie vor seinem inneren Auge auf, wann immer er allein unter der Bettdecke lag oder in der Fötussuppe des Badewassers körperliche Entspannung suchte. Für eine Nacht mit ihr, präziser formuliert, mit ihrem perfekt proportionierten Körper, hätte er sich den kleinen Finger amputieren lassen – es sei denn, er wäre soeben dank aller Fünfe zum Höhepunkt gelangt.

„Kartoffelbrei?", wiederholte sie, als hörte sie das Wort zum ersten Mal, derweil notierte sie untereinander: Bakterienstamm F 12 – sporadische Fransenbildung – Mischsymbiosen – Rotationsintervall 0,3 – Zitzenschub resistent.

„Mit Frikadellen", ergänzte er überaus munter, „und Rotkohl."

„So, so ...? Prima ..."

Eine Weile des Schweigens verstrich, endlich fasste er sich ein Herz und besiegte seine Scheu. „Hast du heute Abend schon was vor?", sprudelte es aus ihm heraus.

Er traute den eigenen Ohren nicht, als Maya, ohne mit ihren Wimpern zu zucken, sogar ohne ein einziges Mal aufzublicken, bemerkte: „Nein, wir können zu dir gehen."

Unter stürmischen Böen prasselte der Regen gegen die Fensterscheiben. Feuchtigkeit saugte sich an der Luft fest und schwebte auf molekularer Ebene zu den entlegensten Bereichen der unterirdischen Laboratorien. Ratlos betrachtete Peter S. Hansen die beiden genmanipulierten Mäuse Diddy und Duffy und traf sodann eine Entscheidung.

Auf der gegenüberliegenden Seite des Øresunds stimmte ein Handy eine (nach seinem Empfinden ewige) Abfolge von Klingeltönen an.

„Dingel-dingel-ding! ... Din-gel-dingel-ding! ... Dingel-dingel-ding! ..."

Geh endlich ran, du alter Narr!

„Ja!", meldete sich die mündige Stimme des Projektleiters.

Hansen hielt sich nicht lange mit formaler Konversation auf. „Es gibt ein gravierendes Problem!", eröffnete er dem Vater der Multi-Event-Forschung. „Die Mäuse sind tot!"

„Alle beide?", wollte Kofoed wissen.

„Allerdings, alle beide!"

Schwer legte sich die nachfolgende Schweigeminute auf ihre Gemüter, sie horchten der größten Stille seit Anbeginn der Telekommunikation.

„Kofoed?"

„Nur die Ruhe, nur die Ruhe. Ich, ähm ... ich werde mich der Angelegenheit so bald wie möglich annehmen."

„Die Pressekonferenz!", fiel es dem Kollegen da ein. „Die müssen wir unbedingt absagen!"

Wieder ganz der Alte, hatte Kofoed seinen Gefühlshaushalt geordnet: „Auf keinem Fall, lieber Freund, wir brauchen die zusätzliche Reklame. Die Gelder werden immer knapper, du weißt ja was auf dem Spiel steht."

„Ja, aber ... aber wenn wir jetzt nicht... "

„Ach was! Jetzt hör mir mal zu! Vielleicht hatten die Mäuse bloß eine simple Fehlfunktion", warf er ein – und beschloss, an dieser Argumentation fortan festzuhalten. „Hast du etwa schon vergessen, welche Schwierigkeiten wir bei der Durchsetzung des vorherigen Projekts zu überwinden hatten? Wir dürfen und werden nicht klein beigeben oder von unserem eingeschlagenen Kurs abweichen."

Ausgerechnet davor hatte Hansen die meiste Angst: dass Kofoed ein weiteres Mal mit Moral und Ethik brechen würde, um seine wissenschaftlichen Interessen ohne Rücksicht auf Verluste durchzusetzen.

Als die beiden Stadtstreicher längs des Kanalufers trotteten, glänzte der Asphalt schwarz vor Feuchtigkeit, der Wind jaulte über das Gelände und blies ihnen Regenschwälle in die Gesichter.

„Gleich sind wir da", sagte der alte Stadtstreicher, völlig durchnässt, und spuckte hustend einen bräunlichen Batzen auf die Fahrbahn.

Zu ihrer Linken, umgeben von Kabeltrommeln und Plastikfässern, kam – gleich einem gestrandeten Wal – eine waagerecht ausgerichtete Betonröhre in Sicht. Sie war groß wie ein Haus.

„Hihihi", freute es den Älteren, „das Hilton ist auch nicht mehr das was es mal war."

„Sehr gemütlich", rutschte ihm heraus. „Warum suchen wir uns keine Herberge?"

„Wohl kaum", erwiderte der Kauz und er deutete kurz auf Prinz Henrik. „Der Ziegenbock darf nirgends mit rein."

Sie ließen sich nieder, inmitten von Herbstlaub und Verpackungsmüll. Eine Tristesse ohnegleichen.

„Wie bist du eigentlich an den Ziegenbock geraten?"

„Och, du weißt, einer musste sich schließlich um das arme Tierchen kümmern", sagte der Alte, so als wäre das Rätsel damit erläutert.

„Und woher hast du ihn?"

„Aus dem Zoo natürlich, woher denn sonst?"

Sein Gehirn schaltete ab. Müdigkeit und Erschöpfung überfielen jede einzelne Zelle. Sollten doch sämtliche Penner dieser Erde mit einem Ziegenbock herumlaufen, was kümmerte es ihn?

Ich kann mich an nichts und niemanden erinnern, ich bin ein Namenloser, und da mache ich mir noch über die Herkunft eines Ziegenbocks Gedanken!

Der Mann an seiner Seite schien seinen Unwillen zu spüren.

Um die Stimmung aufzuhellen, sagte er: „Ich heiße übrigens René, Ritter der Tafelrunde. Prinz Henrik, hihi, kennst du ja bereits."

Es kam keine Antwort.

„Redest du nicht mehr mit mir?"

„Ich habe keinen Namen!", stieß er mürrisch hervor. „Mit meinem Gedächtnis stimmt etwas nicht."

„Ist wohl streng geheim", mutmaßte der Alte. „Geheimagent in geheimer Mission, hihihi."

Er sah direkt in Renés zerknautschte Visage. „An meinen Namen kann ich mich nicht erinnern, genauso wenig wie an meine Vergangenheit, *alles* ist weg, verschwunden, leer, ausgelöscht!"

René trug die Offenbarung mit Gleichmut: „Gibt Schlimmeres, wenn du mich fragst."

Eine Wassersäule plätscherte vom oberen Rand der Betonröhre. Der alte Stadtstreicher kroch auf allen Vieren, streckte einen Arm aus und sammelte mit einem Plastikbecher ein wenig Regenwasser. Auf den Knien heranrutschend, ließ er zeremoniell die Flüssigkeit auf das Haupt des Namenlosen tropfen. „So taufe ich dich hiermit Tom."

(Anm. des Autors: das dänische Adjektiv *tom* bedeutet „leer".)

Zungenakrobatik

Wollte er die Generosität der wohlhabenden Dame weiterhin in Anspruch nehmen, musste er schleunigst eine vorzeigbare Aktion ins Leben rufen.

Um 15 Uhr 25 hob das Passagierflugzeug der Nordic Airline ab, gewann rappelnd an Höhe und beschrieb oberhalb der Wolken eine Kurve. Bei allem Sonnenschein über der Welt verursachte ihm der Flug Übelkeit. Sein Hintern steckte im Sitz der 737 fest, der Ellbogen seines Nebenmanns blockierte permanent die Armlehne und hinter ihm stießen die Füße einer zappelnden Göre gegen die Verschalung seiner Rückenlehne. Der Turbulenzen nicht genug, sorgte die Landung für den nächsten Tiefpunkt; es ging abwärts wie in einem bockenden Fahrstuhl.

Mit einem Taxis fuhr er vom Kopenhagener Flughafen zu einem 30-stöckigen Hochhaus der SAS-Hotelkette. Äußerlich ein Ungetüm, bot das Gebäude einen bemerkenswerten Ausblick über die Innenstadt mitsamt ihrem Aufgebot kunstvoll gestalteter Kirchtürme.

Er schloss seinen tragbaren Computer ans Netzwerk an und nahm Verbindung zu einer Kontaktperson namens Thanos auf. Dieser war ein anonymer Zeitgenosse, den niemand je zu Gesicht bekommen hatte und der ausschließlich über Computertasten mit der Außenwelt kommunizierte.

V: Bin eingetroffen, SAS, 169.

T: Schlüssel ist unterwegs, Ware im Schließfach 18, Hauptbahnhof.

V: Verstanden, hinterlasse vereinbarte Summe.

T: Schlüssel retour: Postfach 2416.
V: Wird erledigt. Gute Arbeit, T.
T: Gute Jagd, V.
Wenig später begann das hauseigene Telefon zu schnurren. Robert meldete sich unter seinem Decknamen. „Vogtmann."
„Herr Vogtmann, ein Fahrradkurier hat soeben einen Briefumschlag für Sie abgeliefert."
Thanos, auch bekannt unter dem Beinamen *Der Tentakel*, hatte seine Greifarme ausgefahren.
„In Ordnung, ich werde ihn später abholen."
„Stets zu Diensten", ereiferte sich der Portier. „Haben Sie sonst noch einen Wunsch?"
„Nein, im Moment nicht."
Anhand der digitalen Suchmaschine unternahm er eine grafische Standortbestimmung. Seine weitere Anlaufstation war das D'Angleterre-Hotel beim Rathausplatz. Die heiße Spur führte ihn geradewegs zu einer für den Abend anberaumten Pressekonferenz. Dank Thanos' Organisationstalent würde er sich inkognito unter die Gäste mischen können, seinen Radar ausfahren und einen ersten Eindruck von dem potentiellen Adversarius gewinnen.

Steen Kofoed war alleiniger Herrscher auf dem Parkett des Konferenzsaals. Sein Wort hatte mehr Gewicht als jene Pomp und Pracht symbolisierenden Säulen zu beiden Seiten des Podiums. Die anwesende Menge, darunter die journalistische Kompetenz aller namhaften Zeitungen sowie Vertreter der Ärzteschaft und der Pharmaindustrie, hatten ihre Plätze bezogen und blickten zur Lichtgestalt empor.
Ans Mikrofon tretend, hob Kofoed eine Hand und antizipierte Ereignisse von denkwürdiger Tragweite.
„Meine Damen und Herren", eröffnete er seinen Monolog, „noch vor wenigen Jahren galten in Forscherkreisen die Fachgebiete der Neurologie respektive Psychotherapie als separate,

unvereinbare Größen. Gemäß des von mir entwickelten und seither sehr erfolgreich angewandten Multi-Event-Prinzips durfte die Wissenschaft etliche Heilungen von Gehirnerkrankungen und zerebralen Funktionsstörungen verbuchen. Durch die Patentierung des Nervenheilmittels Genophostat ist uns ein medizinischer Quantensprung geglückt, der nicht zuletzt in Verbindung mit moderner Hypnose-Therapie wahre Wunder bewirkt hat. Basierend auf einer intensiven Auseinandersetzung mit der neuropathologischen ..."

Heiliger Strohsack steh mir bei, dachte Robert alias Vogtmann, und klammerte beide Hände an die vordere Kante der Sitzfläche. Eingeklemmt zwischen einem Pulk Journalisten, die dem Kluggeschwätz offenkundig einiges abzugewinnen hatten, knirschte unter ihm der Stuhl.

Mirakel hin, Mirakel her, Kofoed müsste allein schon für sein nervtötendes Gefasel unschädlich gemacht werden!

Mit jedem neuen hochgeistigen Begriff, den Kofoed übers Publikum erschallen ließ, wurde ihm der Typ ein Stück unsympathischer.

Bis zu diesem Zeitpunkt waren Roberts Aktionen von einer reibungslosen Dynamik geprägt gewesen. Aus einem Schließfach des Hauptbahnhofs hatte er neben einer geladenen 38er (mit leichten Gebrauchsspuren) die Einladung zu der Pressekonferenz im „D'Angleterre" plus anschließender VIP-Lounge gefischt. Ohne zu zögern war er durch die Flügeltüren geschritten und hatte sich im Konferenzsaal unter das Journalistenvolk gemischt. Mit seiner Handy-Kamera hatte er diskret ein paar Fotos von der Delegation der Mediziner geschossen, um daraufhin seine 114 Kilo Körpergewicht zwischen zwei Stuhlreihen zu bugsieren.

Jetzt hockte er – an seinem Ego amputiert – im Zentrum der Schreiberlinge, und die Langeweile stieg gähnend aus seiner Kehle empor.

Hätte ich bloß ohne Umschweife sein Haus aufgesucht und ihm die 38er an die Birne gehalten!
„Was ist mit Walter Bach geschehen? Raus mit der Sprache!"
„Wo-wo-wovon reden Sie überhaupt?", hätte der Aufschneider gestammelt.
„Ich zähle bis drei!" Dabei hätte er die Pistolenmündung fester an seine Schläfe gehalten.
„Moment, ich..."
„Zwei!"
„Warten Sie!"
„Drei!"
„STOPP! Na schön, ich gebe alles zu, alles! Ja, ich war es, jawohl, Sie haben Recht, ich habe ihn zu Tode gequatscht und anschließend seine Leiche im Garten verbuddelt!"

Hier und jetzt indes, über der ehrfürchtigen Masse seiner Vasallen, schwang einzig und allein Doktor Kofoed den Stab des Hohepriesters.

Ihm war, als schrumpfte sein Selbstwertgefühl immer mehr in sich zusammen, als entzöge Kofoed ihm jede Lebensenergie, derweil er proportional entgegengesetzt über sich hinauswuchs. Aus dem Stand referierte er über den lieben Gott (sich selbst) und das Universum (seine Forschung), er lief unter Verwendung intellektueller Worthülsen zu Hochform auf. Pries die wundertätige Wirkung eines neuen Präparats mit der Bezeichnung Lyptozeral und stellte im Anschluss die Bekämpfung bestimmter peripherer Nervenkrankheiten in Aussicht. Der Jahrmarkt der Eitelkeiten setzte sich noch lange fort, bis Kofoed ein Einsehen zeigte und der Presse die Formulierung fachbezogener Fragen gestattete.

Der Abgesandter eines Boulevard-Blatts rebellierte gegen die Etikette und wurde von zwei Wachmännern des Saales verwiesen. Er hatte allen Ernstes die Kühnheit besessen, sich nach Kofoeds sexuellen Präferenzen zu erkundigen.

„Hör nicht auf!", stöhnte Maya nahe der Ekstase. „Weiter so, ja, ja, schneller, schneller, ja, ja, ja!"

Seit geschlagenen zwanzig Minuten arbeitete seine Zunge an der Muschi seiner Angebeteten; Hermans Kiefer mahlten ohne Unterlass, durch seine Wangen flossen heiße Drähte. Ihm zu Ehren hielt Maya ihre Beine weit gespreizt, ihre bleichen Waden baumelten rechts und links von seinen Schultern. Sie rahmten sein Unterfangen ein und motivierten ihn, ihr den besten aller Höhepunkt zu bescheren. Seine Nackenmuskulatur lehnte sich gegen den Kraftakt auf, auch die Wirbelsäule konnte der ungewohnten Belastung kaum mehr standhalten.

Mach endlich hin, Baby, komm endlich!

„Weiter! Weiter! Weiter! Oh ja, jaaa, jaaaaa!"

War es soweit, kam sie gerade oder was?

„Ich komme gleich! Ich komme gleich!"

Dem Himmel sei Dank! Länger halte ich das nicht aus!

„O großer Gott, O GOTT, JAAAA!"

Ein heftiges Zucken durchlief ihre Glieder, durchlief ihren ganzen Körper, Konvulsionen der Inbrunst.

„AAAHHHH-JAAA-AAAHHH!" Sie wölbte den Rücken, gab sich hin, schob das Becken hoch, rieb ihr Geschlecht schmatzend über sein Gesicht.

Geschafft, es ist vollbracht! Maya ist Wachs in meinen Händen!

Endlich durfte er seine fleischliche Belohnung fordern, umständlich robbte er in Position, schob seinen Penis hinein. Feuchte Wärme empfing ihn, der unwiderstehliche Reiz der festen Umklammerung. Ein patschendes Geräusch begleitete jeden Vorstoß ins Verlangen, seine Lippen saugten bald an diesem, bald an jenem ihrer Nippel. Sein Gehirn wirbelte im rasanten Spin um die eigene Achse und stieß an die obere Grenze des Erträglichen.

46 Sekunden (!), mehr Zeit, mehr Wohlwollen nahm der eigentliche Geschlechtsakt von Mayas Bereitschaftsphase nicht in Anspruch. Die körperliche Vereinigung war aus ihrer Sicht keines Kommentars wert. Der Rausch war verflogen. Sie lagen

nebeneinander, atmeten ruhig, verloren sich in Betrachtungen über den Sinn respektive Unsinn des Seins.

„Soll ich uns einen Kaffee machen", fragte er irgendwann, die entstehende Leere überbrückend.

„Nein, danke."

Maya schaute in plötzlicher Aufbruchstimmung aus dem Fenster. Der Regen hatte an Kraft verloren, aus dem Blätterwerk eines Baumes fielen Tropfen herab. Sein Ejakulat rann ihre Gesäßspalte entlang und löste einen Juckreiz aus.

„Hast du Hunger?", eiferte er sich. „Soll ich uns beim Chinesen was zu Essen bestellen?"

„Ist wirklich nicht nötig", sagte sie kopfschüttelnd, und fügte hinzu: „Ich werde mich gleich auf die Socken machen, es ist schon spät."

„Willst du heute Nacht nicht hier bleiben?", brachte er hervor, wobei seine Stimme Erschütterung verriet.

„Wozu?", stellte sie die Gegenfrage, eine Spur harscher als beabsichtigt.

„Ich hatte gehofft ..."

„Ich nicht!" Aus irgendeinem Grund war sie nun über alle Maßen verärgert, strafte ihn mit Verachtung. „Tut mir leid, ich muss wirklich los."

Entschlossen rutschte sie aus dem Bett und wühlte im Kleiderhaufen zu ihren Füßen nach Slip, Strümpfen, Jeans und T-Shirt.

Verzweifelt lag er da und suchte nach des Rätsels Lösung.

„Hat's dir nicht gefallen?"

„Ach was!", wehrte sie kompromisslos ab, während sie in ihre Kleidung schlüpfte. „Darum geht es nicht ... ich hatte halt Lust auf ... na ja, auf Sex eben, nicht mehr und nicht weniger."

Wie bitte! Sie hatte ihn nur benutzt? Benutzt wie ein aufziehbares Spielzeug! Du blöde Schlampe, du hattest einen perfekten Orgasmus!

Da stieg seine Wut brodelnd an die Oberfläche, doch die Gelegenheit, der Enttäuschung Raum zu schaffen, verstrich im selben Augenblick, als Maya ihm einen Kuss auf die Stirn drückte.

„Bleib ruhig liegen, ich finde allein den Weg."

Sie floh geradezu aus seinem Schlafzimmer ... nichts als Kälte hinterlassend.

Nie zuvor im Leben hatte er sich dermaßen herabgesetzt und abserviert gefühlt. Seine Brust umschloss ein Vakuum, sein Nacken schmerzte und auf seiner Zunge lag ein merkwürdiger Geschmack. Es war der Geschmack der Bitterkeit.

Laterale Gewalten

Eine wiederkehrende Vision, unbewusste Ahnungen, die fünfte Dimension. Am Nachthimmel hing der Mond wie ein kaltes Auge; es starrte über die Welt bis zum Anbeginn der Evolution.

Ausgestreckt auf einem Sofa ruhte seine Traumgestalt, Staubpartikel formten Sternhaufen im abgedunkelten Raum. Der „Andere", ein gesichtsloser Mann, strahlte eine unermessliche Ruhe aus, seine Stimme zog seine Wesenheit in ihre Umlaufbahn. Worte hatten Widerhaken. Worte übten eine unwiderstehliche Schwerkraft aus. Eine Singularität im Spiegelbild seiner Wahrnehmung, ein schwarzes Loch, auf das sein Ich mit fremdbestimmter Hingabe reagierte. Die Essenz seines Seins wurde aufgesaugt, bis die Umgebung schwand und der Gedankenstrom versiegte.

Im Hinterzimmer einer Kneipe saßen drei mißtrauenswürdige Existenzen und prosteten sich zu. Seit Gonzos Geburtstagsfeier waren die Drei nicht mehr so besoffen gewesen. Den Alkohol gurgelten sie in sich hinein wie ein Abflussrohr. Momentan hatte Torben die Nase ins Bierglas versenkt, derweil Jesper die Luft mit dem Aroma eines Joints schwängerte und Preben eine Rülpskanonade Richtung Musikbox abfeuerte.

„HEY, LISSI, WAS SPIELST DU HIER FÜR EINE SCHEISSE!?", rief er. „WIESO MÜSSEN WIR UNS DEN GANZEN ABEND DIESEN BLÖDEN MIST REINZIEHEN!? HABT IHR NOCH NIE WAS VON *LADY GAGA* GEHÖRT?"

Die Wirtin hätte das Triumvirat liebend gern beim Schlafittchen gepackt und auf die Straße befördert. Angesichts der Übermacht trocknete sie ihre Hände am Spültuch. Missmutig ging sie hinüber zur Jukebox und zog das Kabel aus der Steckdose.

„Für heute ich Schluss, Jungs!", rief sie in mütterlichem Tonfall. Schallendes Grölen war die Antwort.

„HAST DU 'NE MACKE?"

Preben lenkte seinen Blick auf die Armbanduhr. „WAS SOLL DER MIST, ES IST DOCH ERST HALB ZWEI!"

„Wir schließen um eins."

„HEUTE ABER NICHT", protestierte Jesper. „WIR HABEN-HABEN NOCH VIEL-VIEL MEHR DURST."

„HEUTE BLAU UND MORGEN BLAU UND ÜBERMORGEN ÜÜÜÜÜÜBERBLAU!"

„UND ICH HABE EINEN STEIFEN!", rief Torben dazwischen.

Die anderen honorierten seine Wortgewandtheit mit Gelächter.

Jesper hatte die Lösung parat: „EY, WAS KANNST'E DAGEGEN MACHEN, LISSI? ICH WEISS WAS: UNS DREIEN EINEN RUNTERHOLEN!"

„Spinnt ihr?", rief sie empört. Dann wurde sie sachlich: „Also, ich bekomme noch sieben ... äh, sieben ... sagen wir 600 Kronen. Die letzte Runde geht auf mich."

„WENN DU UNS EINEN ABWICHST, KRIEGST DU ... SAGEN WIR ACHTHUNDERT!"

„Jetzt reicht's aber! Gebt mir das Geld, und dann verschwindet endlich!"

„HAHA, UND WENN NICHT?"

„Dann rufe ich die Polizei!"

„DU KANNST UNS MAL! VON DIR WILL SOWIESO KEINER WAS, HÄSSLICHE BOHNENSTANGE!"

Lissi atmete sichtlich auf, als die Unruhestifter mehrere Geldscheine über den Tisch verstreuten. Polternd schwankten sie nach draußen, die Tür fiel hinter ihnen ins Schloss und weg waren sie.

Sie krempelte die Ärmel hoch und machte sich daran, Bierlachen aufzuwischen und verstreute Kippen und Glasscherben vom Boden zu entfernen. Der Pragmatismus erstickte Sentimentalitäten im Keim, sie hatte sich mit ihrem Geschick arrangiert, dennoch ...

... dennoch: hätte sie die Zeit um zwei Jahrzehnte zurückdrehen können, hin zu jenem Rockkonzert der *Echo and the Bunnymen*, sie wäre dem Gitarristen – wie hieß er noch? James? Keven? Mike? – jedenfalls, sie wäre ihm bereitwillig nach Liverpool gefolgt.

Oder war es doch Birmingham gewesen??

Beim Pissen ereilte Jesper eine Erleuchtung, er verlor den biergelben Strahl aus den Augen und lallte über seine Schulter hinweg: „Die alte Fotze hat 'ne Abreibung verdient. Der werden wir die Bude abfackeln!"

„GANZ GENAU", bestätigte Preben, „DIE KNEIPE SOLL BRENNEN!"

Schwankend wie im Sturm gingen sie in den Hinterhof und suchten im Fahrradschuppen und in Müllcontainern nach brennbaren Materialien.

Jespers Hirn lief auf Hochtouren: „Wisst ihr was? Wir zünden einfach die ganze Kiste an und stellen ihr das Ding unters Fenster."

Sie schoben den Container gegen die Hauswand, entzündeten Papier und Verpackungsmüll und schmissen – als die Flammen loderten – zwei Fensterscheiben ein.

Danach zogen sie weiter über die Bernstorffs Gade, änderten wiederholt ihren Kurs und landeten zunächst auf der Promenade des Kanalufers.

„WIR GEHEN AUF PENNERJAGD!", grölte Torben.

„WO SEID IHR HIN, IHR ELENDEN STINKER?"

Preben zückte sein Crocodile-Dundy-Messer. „KOMMT HER, IHR PENNER! DER TAG DER ABRECHNUNG IST DA!"

Der Mond war verschwunden. Eine graue Röhrenform umschloss ihn, und eine rollende Bewegung trieb ihn über die Schwelle des Ufers. Er tauchte ein ins dunkle Element, sank auf den metaphysischen Grund des Seins.

Da erreichten ihn verhängnisvolle Laute. Sein Bewusstsein tauchte auf und der Luftdruck änderte sich.

Kommt her, ihr Penner! Der Tag der Abrechnung ist da!

Der Wind blies durch die Röhre. Er schlug die Lider auf und blinzelte benommen.

„ÄÄÄH? WAS HABEN WIR DENN DA!", rief Torben. „BIN ICH TOTAL BESOFFEN, ODER WAS? ICH WERD NICHT MEHR, IN DER RÖHRE STECKT EIN ZIEGENBOCK!"

Die Dunkelmänner kamen näher. René erwachte und seine Glieder durchstießen ein Bett aus Zeitungspapier. Prinz Henrik hob die Hörner.

Crocodile Preben riss das Geschehen an sich und trat in die Röhre. „DAS HABEN WIR GLEICH", tönte er.

Er setzte dem Tier das Messer an die Kehle und durchtrennte die Halsschlagader mit einem einzigen Streich.

„NEIIIIN!", schrie René. „WAS MACHT IHR DENN DA? IHR SCHWEINE! IHR ...! *HENRIK!*"

Er strauchelte auf das klägliche Bild zu, jeder Schritt erweiterte den Radius des Schreckens. Das Blut sprudelte aus der Wunde und dem aufgerissenen Maul entwich ein Gurgeln. Henrik verließen die Kräfte, seine Läufe knickten ein und sein Kopf landete in der Blutlache.

„VERPISS DICH, DU ALTER SACK!"

Mit Wucht rammte Preben eine Faust in Renés Magen. Der Alte sackte auf die Knie und begann nach Luft zu schnappen.

„LASS MICH AUCH MAL", ertönte ein Ruf.

Torben trat hinzu und schmetterte eine leere Weinflasche an Renés Schläfe. Glassplitter bohrten sich in die Kopfhaut und Renés Gliedmaßen verloren ihre Spannung.

„Der ist hinüber", kommentierte Preben, als der alte Mann am Boden lag.

Zwei Blutbäche vermischten sich und bildeten den Widerschein der Sinnlosigkeit.

„KOMMT SCHON, LASST UNS ABHAUEN!", rief Jesper von draußen.

Torben wandte sich an Preben: „Moment mal, was machen wir mit dem anderen?"

Ihre Augen nahmen Maß. *Tom* lag dort und konnte sich nicht bewegen.

„Soll der Teufel ihn holen!"

Torben klang ernüchtert: „Du meinst, wir sollen ihn einfach hier liegen lassen?"

„Meinetwegen, der hat sowieso nichts zu vermelden."

Er tat einen Schritt auf den Liegenden zu. „HE, PENNBRUDER, HAST DU IRGENDWAS MITGEKRIEGT?"

„Nein", sagte er, und sah demonstrativ in die andere Richtung.

„Sag ich doch, Jungs, alles bestens!"

Schritte verloren sich in der Ferne. Niemand blieb zurück.

Leid und Leidenschaft

Roberts Miene unterstrich die Beteuerung, allein von lauteren Motiven geleitet zu sein. Im Gegenzug verwies der Portier auf seine Ehre. Unter keinen Umständen dürfe er unautorisierten Personen Einsicht ins Namensverzeichnis gewähren. Im Sinne des Datenschutzes müsse er sich an die Vorschriften halten.

„Ich bitte diesbezüglich um Ihr Verständnis", sagte er als Zeugnis seiner Rechtschaffenheit.

Gleichermaßen für klare Verhältnisse sorgend, schob Robert einen 1000-Kronen-Schein über den Tresen.

Plötzlich wirkte alles wie ein Bühnenstück.

„In Ihrem Fall will ich aber eine Ausnahme machen", ergänzte der Portier. „Es muss selbstverständlich unter uns bleiben."

Der Privatdetektiv nahm die Kopie der Gästeliste entgegen und ließ sie beim Hinausgehen in die Innentasche seines Jacketts gleiten. Nach wenigen hundert Metern wich der Lichterglanz des Hotels einer diffuseren Atmosphäre. Das Rotlichtmilieu lag vor ihm. Dampf stieg aus einem Abwasserschacht, ein Straßenschild, halb aus der Verankerung gerissen, beugte sich über den Asphalt. Kreischend schoss eine Katze über die Straße. Die Nacht verfestigte ihren Griff um Junkies und Pädophile, um Glücksspieler, Huren, Alkoholiker und weitere Auswürfe der Gesellschaft.

Am Ecktisch einer Kneipe in der Istedgade konzentrierte er sich auf die Namenszüge. Obenan figurierten der Justizminister Gunnar Landgren sowie der deutsche Konsul Rüdiger Wallhof

mitsamt Gemahlin. Anhand der Doktortitel filterte Robert die Mediziner-Clique heraus und übertrug sämtliche Namen in ein Notizbuch. Er entzündete eine Zigarette. Sein weiterer Plan sah vor, ein Glas Cognac zu trinken und der pausbackigen Rothaarigen am Tisch nebenan einen Drink zu spendieren. Die Mittdreißigerin verströmte Parfüm– und Haarsprayduft, süße Botenstoffe, ihr glasiger Blick forderte ihn zur Handlung auf. Robert erhoffte sich eine unkomplizierte Liaison.
„What can I get you?"

Keine Frage, es würde wieder eine lange Nacht werden. Die Uhren tickten, Minuten dehnten sich ins Endlose, Stunden waren Giganten aus Zeit, unüberwindlich wie der Gipfel eines Berges. Gegen das Gespenst der Müdigkeit, glupschend aus jeder Ecke, war kein Mensch gefeit. Die Krankenschwestern und ihre männlichen Pendants verbrachten ihre Nachtschichten im Neonlicht der Bereitschaftszimmer, angeschlossen ans Perpetuum mobile der Langeweile. Oder sie eilten über totenstille Korridore, um mal diesem, mal jenem Patienten bei körperlichen Notwendigkeiten Hilfestellung zu leisten. Weder ein Haufen Comichefte noch ein Stapel Zeitschriften konnten diese Zweckdienlichkeit außer Kraft setzen. Nichts vermochte die Zeiger der Uhren auf ihrer Weltumrundung zu beschleunigen, nichts außer die Erinnerung an das zerschlagene Gesicht einer Frau, die neulich von Schmerzen getrieben in die Notaufnahme gekommen war.

Jemand müsste sie trösten, sie beschützen vor den Widrigkeiten des Daseins. Jemand müsste dem Mädchen neue Hoffnung einflößen und nebenbei ein Entkommen finden aus dieser Eintönigkeit. Kenneth legte das neue Exemplar der „X-Men" (The Return of Magneto) zurück auf den Papierberg, setzte seine schlaksigen 193 cm in Bewegung und schlurfte über das Linoleum bis zum äußeren Zimmer seines Tätigkeitsbereichs. Leise öffnete er die Tür.

Und da lag sie! Neben der dicken Seekuh aus Valby, hilflos hingestreckt: ihr Kiefer war mit einem Drahtgestell stabilisiert und ihr Kopf mit einem Turban aus Gaze bandagiert. Die Augen, ozeanblaue Murmeln, erforschten sein Lächeln auf der Suche nach versteckten Motiven.

„Kann ich irgendwas für dich tun?", fragte Kenneth. Er sprach im Flüsterton, um die beiden Mitpatientinnen, „Niere" und „Blinddarm", nicht aus ihrer Nachtruhe zu reißen.

Svetlanas Stimme, geknechtet von der Verletzung, war schwer vernehmbar: „Trinken, bitte."

Ganz der Ritter, schob Kenneth ein zweites Kissen unter ihren Kopf und beförderte ein Glas Leitungswasser mitsamt Strohhalm an ihre Lippen.

Wider die Vernunft versprach er: „Du wirst sehen, Svetlana, alles wird gut."

Sie sah ihn ungläubig an. Ihr Maulkorb verhinderte eine adäquate Antwort.

„Alles wird gut", wiederholte er, und streichelte begehrlich ihren Unterarm.

Kurz vor drei Uhr katapultierte der Krankenwagen aus der Parkzone. Widerhallend in den Straßenschluchten, verwob sich das Sirenengeheul ins Traumdasein der Stadtbewohner. Die Fanfare bahnte den Sanitätern einen Weg durchs zentrale Stadtviertel Richtung Osten.

Am Ort der Dringlichkeit, einem verwahrlosten Areal am Kanalufer, bot sich den beiden Männern ein skurriles Bild. Im Innern einer Betonröhre, Seite an Seite, lagen die Leichname eines Stadtstreichers und eines Ziegenbocks, umgeben von einer Pfütze aus Blut.

Ein Anwohner, den die Schlaflosigkeit hinaus auf die Straße getrieben hatte, ließ seiner Erschütterung freien Lauf.

„Ich bin zufällig hier vorbeigekommen, am Ufer entlang, wollte mich wegen des Regens hier unterstellen, da sah ich auf einmal diese ... tja, diese *Bescherung*! Furchtbar ist das, wirklich ganz furchtbar!"

Seine Hände fuhren umher, sein Blicke suchte nach einer Erklärung im Kanalwasser. Die Reflexionen der Straßenlaternen kräuselten sich auf der Oberfläche.

„Wer hat das getan? Wer tut so was?"

Die zwei Sanitäter, Nils und Brian, plagten mittlerweile andere Sorgen.

„Was sollen wir mit dem Tier machen?", fragte der Jüngere. „Müssen wir die Leute von *Falk* verständigen?"

„Wir machen gar nichts!", sprach der Kollege. „Das überlassen wir schön der Polizei, oder willst du den Ziegenbock womöglich ins Kühlfach schieben?"

„Neeeh, wenn überhaupt", verteidigte Nils seine Ehre, „dann landen die Körper in der Rechtsmedizin."

„Jaja, ausnahmsweise hast du Recht. Jedenfalls muss die Polizei erst mal alle Spuren sichern, das kann lange dauern."

„Wo bleiben die überhaupt? Die Station ist doch ganz in der Nähe", wunderte Nils sich. „Wir sind schon seit zehn Minuten hier."

„Neun", korrigierte Brian. „Ich bin jedenfalls der Meinung, wir sollten..."

„He, Augenblick mal!", rief Nils dazwischen, während er nach allen Seiten blickte. „Wo ist denn der Typ hin?"

Der Herr ohne Regenschirm hatte sich davon gemacht. Bei genauerer Betrachtung hatte er wohl eingesehen, dass er am liebsten wieder nach Hause ging, anstatt auf einem Polizeirevier Kaffee zu schlurfen und Rede und Antwort stehen zu müssen.

Robert wälzte sein Gewicht in eine andere Position, drehte seinen Rücken dem abgedunkelten Fenster zu. Seine Begleiterin schlief ermattet und vom Alkohol betäubt. Ihre rasselnden Atemzüge verwandelten Sauerstoff zu Kohlendioxid und verstärkten sein Unbehagen. Bereitwillig hatte Maiken ihn mitgenommen und ohne lange Umschweife ins Schlafzimmer ihrer Wohnung gelotst. Nachdem der sexuelle Akt sich ungestüm, bar jeder Romantik vollzogen hatte, war Robert in traumlosen Schlaf gesunken. Die Ruhepause sollte von kurzer Dauer sein. Die Sirene eines Krankenwagens hatte ihn geweckt und einen Moment der Reue eingeläutet. Die anfängliche Orientierungslosigkeit wich prompt einer Erinnerung: das Gesicht seiner toten Frau tauchte auf. Ihre gemeinsame Geschichte war unmöglich aus dem Gedächtnis zu tilgen. Banaler Ballast, Seelenkitsch, sentimentaler Plunder, alles wurde vom Gewissen ausgegraben und gegen seine innere Leinwand projiziert. Im Morgengrauen sah er keine andere Alternative, als seine Kleidung anzulegen und sich diebisch aus Maikens Wohnung zu schleichen.

Kotflügel an Kotflügel warteten Taxis vorm Bahnhof auf Kundschaft. Roberts Ziel war das Hotel im Südwesten der Stadt. Sein Interesse galt einer Toilettentasche, in der sich ein unscheinbares Döschen mit Valium verbarg. Eine einzelne Tablette verhieß Vergessen.

Morgens empfand Elsa Bach das Gefühl der Verlassenheit am intensivsten. Mit jedem Erwachen startete automatisch die Erinnerung und läutete ihren Kampf gegen einen übermächtigen Gegner ein, die Leere des Seins. Um diesem Paradox entgegenzuwirken, hatte Elsa ihren Tagesablauf in zweckbestimmte Abschnitte unterteilt. Ihr gedanklicher Kosmos war an festgelegte Strukturen gebunden. Die Wahrnehmung funktionierte ähnlich einer Endlosschleife und war in Kreiselbewegungen konstituiert. Dennoch, bei aller pragmatischen Ausrichtung ihres Tuns, konnte es geschehen, dass die Fratze der Sinnlosigkeit aus dem Hinterhalt hervorschaute.

Eine Ahnengalerie bedeckte eine große Fläche an der Wand der Bibliothek. Hier waren die Geister der Vergangenheit vereint, eingerahmt und im Sinne der Zugehörigkeit gruppiert. Von den Porträts ging eine große Stille aus, doch die Augen (wenn

Elsa mal wegsah) folgten ihr durch den Raum, so als wollten sie eine Frage stellen.

Wann kommst du endlich?

Wäre da nicht diese Ahnung, vielmehr diese Gewissheit, dass ihr Sohn noch irgendwo dort draußen umherirrte, sie hätte ihrem eigenen Dasein ein Ende bereitet und ihre Seele dem Jenseits anvertraut. Ihre große Hoffnung verband Elsa mit der breitschultrigen Attitüde eines Privatdetektivs, eines Kerls, der in eben dieser Sekunde (da sie ihn als tatkräftigen Mann einstufte) auf sein Hotelbett fiel, um den eigenen Dämonen zu entgehen.

Die Mausefalle

Die Strecke zwischen Kopenhagen und Århus legte Steen Kofoed hinter dem Steuer seines Mercedes Benz zurück. Aus der Lautsprecheranlage toste das tonale Auf und Ab einer Beethoven Symphonie, eine verspätete Hymne im Windschatten seines gestrigen Auftritts. Die anwesenden Kollegen waren allesamt vor Neid erblasst, teilweise aus Missgunst errötet! Das Pressevolk hatte ihm aus der Hand gefressen und die Vertreter der Pharmaindustrie hatten anschließend Schlange gestanden, damit sie der Formel seines neuen Präparats habhaft wurden.

Als der Wagen in die Parkzone der Fakultät einbog, drehte eine junge Frau ihren Kopf in seine Richtung. Hinter den getönten Scheiben des Wagens war nur ein Schatten erkennbar, die Konturen eines Phantoms. Die eisblaue Farbe des Wagens löste indes eine Assoziation aus. Sehnsucht wuchs aus Mayas Brust, und wie so oft versuchte sie Teile ihrer Vergangenheit auszugrenzen. Sie musste notgedrungen Verrat an ihrer Liebe begehen, um im Alltagsleben fortzubestehen. Ihre Füße trugen sie weiter, zügiger als zuvor, so als könne eine rasche Vorwärtsbewegung das Gewicht ihrer Schwermut abschütteln.

Kofoed parkte das Auto neben einem Peugeot Pegasus, und das Tuckern des Motors und die Musik verklangen.

Er schaute in den Rückspiegel, ließ mehrere Sekunden verstreichen, bis die Freundin seines ehemaligen Patienten außer Sichtweite war.

Für ihn gab es keinen Zweifel! Dass die Behandlung mit dem Medikament Genophostat unter ungünstigen Umständen Gedächtnisschwund hervorrufen konnte, musste im Namen der weiterführenden Forschung akzeptiert werden. Ausschließlich einer kleinen Gruppe von Eingeweihten waren die Daten und Fakten bis ins kleinste Detail zugänglich. Hätte die breite Öffentlichkeit von den Komplikationen erfahren, wäre ein Sturm der Empörung über das Forscherteam niedergegangen. Doch es waren bloß unvorhergesehene Vorfälle, Kollateralschäden, die im Laufe der Versorgung von neurologisch gestörten Patienten aufgetreten waren. Mit anderen Worten: Kofoeds Ruf wäre für alle Zeiten ruiniert worden, der Multi-Event-Forschung hätte man sofort den Geldhahn zugedreht und alle Mühen wären vergeblich gewesen. Es war wie eine Fügung des Schicksals, dass Walter spurlos von der Bildfläche verschwunden war und dass die zweite Anomalie (eine zu Lebzeiten unter Wahnvorstellungen leidende Patientin) seit kurzem unter der Erde lag.

Indessen verfluchte Peter S. Hansen den Tag, als eine Kombination aus Ehrgeiz und Eitelkeit seine moralische Gesinnung außer Kraft gesetzt hatte. Unter dem Strahlenglanz eines angestrebten Ruhms hatte er den ethischen Richtlinien der Medizin abgeschworen. Seine Seele gehörte fortan dem Rattenfänger von Kopenhagen, Scharlatan in Steen Kofoeds Gestalt. Sein ehemaliger Kommilitone, Berufskollege und schlechterdings sein großes Trauma. Vor zwei Jahren, bevor die Hersteller das Präparat Genophostat auf dem Markt platziert hatten, da hätte er Courage beweisen und intervenieren müssen. Auf einem silbernen Tablett, mit Puderzucker obendrauf, hätte er Kofoeds Kopf dem Komitee ausliefern sollen, statt stillschweigend daneben zu stehen, als ihm von adliger Hand der Innovationspreis überreicht wurde. Aber der Augenblick der Selbstläuterung war endlich gekommen; unter keinen Umständen durfte das neue Medikament in die Massenproduktion gehen. Hier und jetzt würde er Kofoeds Pläne durchkreuzen und seine Seele, sein Seelenheil (zumindest das was nach Abzug der Spesen noch übrig blieb) zurückverlangen. Peter S. Hansen wollte die Kontrolle über sein Leben zurückgewinnen und gleichsam Kofoeds Niedertracht und Größenwahn Schachmatt setzen.

Unaufgefordert stieß Kofoed die Tür auf und vereinnahmte die Luft zum Atmen. „Na bitte, die Pressekonferenz war ein durchschlagender Erfolg", rief er, als wäre Hansen inzwischen stocktaub geworden. „Die Pharma-Vertreter lecken sich allesamt die Finger nach Lyptozeral."

Anstatt als Leiter einer Fakultät gelassen in Erscheinung zu treten, senkte Hansen wie ein trotziger Junge das Haupt.

„Nun ja", begann er zögerlich, „darauf wollte ich eigentlich zu sprechen kommen, denn hinsichtlich der toten Versuchstiere müssen wir... "

„Mäuse! Es sind bloß tote Mäuse!", rief Kofoed spöttisch, wobei er den Einwand wie ein lästiges Insekt beiseite fegte. „Zweifelsohne wäre es das Klügste, ruhig und besonnen weiterzuforschen und etwaige Probleme unterwegs aus dem Weg zu räumen."

Aber die ganze Sache ist ein Problem! Ein gewaltiger Irrtum sogar!

Hansen wollte seiner Verzweiflung eine Stimme geben, wollte einen wortgewaltigen Sturm entfachen, der Kofoeds Arroganz aus dem Zimmer blies. Doch was da aus seinem Mund kam, erzeugte bestenfalls ein laues Lüftchen.

„Vielleicht sollte wir die Freigabe des Medikaments dennoch ein wenig ... ähm ... hinauszögern? Ich meine, bis wir uns ein Bild davon gemacht haben, was überhaupt ... welche Einflüsse auf die Organismen der Tiere gewirkt haben? Auf ein paar Monate kommt es schließlich nicht an, vorerst könnten wir dem Gremium mitteilen, dass uns... "

Kofoed fasste sich an die Stirn. „Sag mal, bist du denn total verrückt geworden, alter Junge? Was hast du denn vor, willst du Zweifel säen an der Wirksamkeit des Präparates? Denk ausnahmsweise mal rationell: wenn wir jetzt einen Rückzieher machen, können wir ebenso gut den ganzen Laden dicht machen."

„Schon möglich", sagte Hansen. „Aber wenn wir nicht... "

Kofoed schlug ihm kumpelhaft auf die Schulter.

„Man darf nicht gleich den Kopf in den Sand stecken, Peter. Um höhere Ziele zu verwirklichen, muss man gelegentlich das ein oder andere Opfer bringen, Punktum!"

Andere müssen die Opfer bringen, du kassierst ab und lässt dich feiern!

Hernach setzte Kofoed seiner Heuchelei die Krone auf: „Der Zweck heiligt die Mittel, das war schon immer so, und wenn du mich fragst, zum Wohle der Mehrheit."

Endlich packte den Leiter der Fakultät die blanke Wut: „TATSÄCHLICH? UND WAS GING SEINERZEIT SCHIEF, HABEN DIE FEHLSCHLÄGE KEINERLEI BEDEUTUNG FÜR DICH? EIN PATIENT IST VERMUTLICH ÜBERGESCHNAPPT, UND DIE ANDERE VERMODERT JETZT IM GRAB!"

„Verliere nicht gleich die Nerven!", mahnte Kofoed. Er wich vorsichtshalber einen Schritt zurück. „Genophostat hat bereits Hunderten geholfen. Willst du die zahlreichen Erfolge etwa abstreiten und alles zunichte machen wegen *zwei* bedauernswerten Begebenheiten?"

Hansen ließ nicht locker: „ICH MACHE DA NICHT MEHR MIT, VERDAMMT, DIE DATEN KOMMEN AUF DEN TISCH! DIE RISIKEN SIND NICHT MEHR KALKULIERBAR! WIR MÜSSEN DIE PRODUKTION AUF DER STELLE UNTERBINDEN, BEVOR ALLES AUS DEM RUDER LÄUFT!"

Kofoed hatte noch ein letztes Ass im Ärmel, für besondere Gelegenheiten.

„Wenn dem so ist, mein verehrter Freund, bleibt mir keine andere Wahl, als dir ein paar nette Fotos aus deinem Privatleben unter die Nase zu reiben."

Seine Hände öffneten ein Konvolut und beförderten einen Satz kompromittierender Aufnahmen ans Tageslicht. „Deine Frau wird sich freuen."

Schweigen eroberte den Raum, Wände vibrierten, stoben auseinander, flogen an ihre Ausgangsposition zurück. Wie vom Stromschlag getroffen, schaute Peter auf die Fotos in der Hand seines Peinigers.

„Aber ...? Wie ...?"

„Ja, ganz recht", bestätigte Kofoed ohne Bedauern, „ich habe auch in Thailand meine Beziehungen. Schöne Bilder, findest du nicht?"

Damit erklärte er die Diskussion für beendet.

„So, und jetzt gehen wir in den Keller und sehen uns die Mäuse an."

Unendlich verhalten ließ Peter seine geprügelte Gestalt in einen Stuhl sinken.

„Ich-ich", begann er zu stammeln, „wollte nicht, ich habe nie ... die-diese Sache, es ist ..."

„Lass mal gut sein." Kofoed spielte den Gönner. „Jeder hat schließlich seine Präferenzen, nicht wahr? Wie dem auch sei, das Leben geht weiter."

Nach einer vielsagenden Pause: „Von mir erfährt keiner was, ich hüte dein Geheimnis und du hütest das meine."

Der Leiter der Fakultät quälte sich aus dem Stuhl, er wirkte um einen halben Kopf verkleinert, eingeschrumpft bis auf die Knochen.

„Die Mäuse", gab er tonlos von sich. „Ach ja, natürlich, die Mäuse."

Dr. Kofoed folgte dem gedemütigten Zwerg hintendrein, sein Genie hatte erneut über die Mittelmäßigkeit triumphiert. Das Echo einer imaginären Begleitmusik, Beethovens Fünfte, trug seine Füße federnd voran.

Überlebensinstinkt

„*Metamorphose* ...?"
„!"
„*Metamorphose!* Metamorphose! METAMORPHOSE! METAMORPHOSE! METAMORPHOSE! METAMORPHOSE! METAMORPHOSE!!!"
„HALT DAS MAUL, DU GOTTVERDAMMTES ARSCHLOCH!"
„O METAMORPHOSE! O METAMORPHOSE! ... O ME-TA-MOR-PHO-SEEEEE!"
„ICH BRING DICH UM! *ICH BRING DICH UM*, ICH BRING DIESEN SCHWACHSINNIGEN SPINNER UM!"
Die Welt war voller Metamorphosen, alles befand sich in *metamorphosischer* Vollkommenheit, es *metamorpheuste* aus sämtlichen Winkeln, troff *metamorphesisch* aus dem Gemäuer, verband sich zu *metamorphastischem* Gleichklang. Die Allgegenwärtigkeit der Metamorphose war seine flüchtige Rettung, sein rettender Fluch.
„META-META-META-META-META-META-META..."
„AARRRRGGGG! DU WICHSER! DU BESCHISSENER ERBÄRMLICHER TOTAL VERBLÖDETER VOLLIDIOT!!!"

An jedem anderen Ort auf Erden hätte man mit Fug und Recht behaupten können, das ständige Affentheater sei zum Verrücktwerden. Aber ausgerechnet hier, innerhalb der geschlossenen Abteilung der Sønderbakker Nervenheilanstalt, war die Floskel an ironischer Wucht kaum zu überbieten. Apropos Redensart: mehr als alles andere benötigte das Personal Nerven aus

Stahl, um in diesem menschenunwürdigen Milieu ein seelisches Gleichgewicht zu wahren. Aber wem gelang ein solches Mirakel an Selbstbeherrschung in letzter Konsequenz? Zumindest nicht ihm, Poul Breuning, einem Revoluzzer aus Hasselø, junger Arzthelfer wider Willen, der am Liebsten auf einer Bühne stand und mit seiner Band Kviksølv Kitchen die Säle zum Kochen brachte.
„*Metamorphose ...?*"
„Nicht schon wieder!"
„META-META-META-META-META..."
„MACH ENDLICH HIN, DU DÄMLICHER FREAK!"
„META-META-META-META-METAMORPHO-SEEEEE!!!"
„TOLL! UND JETZT HALT BLOSS DAS MAUL!"
„*METAMORPHOSE?*"
„NEIN!!! ICH DREH DEM ELENDEN TROTTEL ENDLICH DEN HALS UM!"

Das Zwiegespräch zwischen den beiden Insassen, Neurotiker und Schizoide, würde sich bei ungünstiger Konstellation noch stundenlang hinziehen. Es sei denn, er schritte beherzt ein und verabreichte den Streithähnen ein Beruhigungsmittel. Aus seinen Schläfen rieb er die Schläfrigkeit, wappnete sich mit einem tragbaren Elektroschocker und einer Batterie Injektionsspritzen und stiefelte als Rächer der Vernunft die Zimmertüre entlang. Dahinter lagen sie, die isolierten Unterkünfte der Bekloppten, sechs Quadratmeter knochenweiße Einsamkeit.
„Metamorphose!", begrüßte ihn der Schizoide feierlich, wie einer, der den Sinn des Lebens erkannt hat. „Metamorphose!"
„Gleichfalls", brummte Poul, und nahm bereits ein Fläschchen zur Hand. „Dreißig Milligramm müssten reichen."
Dann stieß er die Nadel durch das Siegel am Flaschenhals und zog die Spritze auf.
„Du bist nicht echt!", behauptete der Verrückte unvermittelt. „Du bist ein *anderer*, du siehst aus wie er, aber du bist es nicht!

Ein Klon, eine übertragene Erinnerung, die Kopie einer Erinnerung! Noch weniger von wenig, du bist leer, ausgehöhlt, dich gibt es nicht! Metamorphose!"

Kopenhagen lag unter ihm, fast greifbar und dennoch kein Teil seines Selbst. Es war unfassbar, das ständige Treiben aller Menschen, das Kommen und Gehen, Lust und Leid, Traum und Schaum. Das Leben blieb ein Rätsel im Rätsel. Die Stadt hatte ihn durchgekaut und wie einen Knorpel wieder ausgespien. Er hatte sich in einen Unsichtbaren verwandelt, vegetierend von einem Tag zum nächsten, zwischen den Abfällen einer Welt, die ihm verschlossen blieb.

Ein halber Meter noch, ein einziger Schritt, dann würde er in die Tiefe stürzen und innerhalb eines Wimpernschlags wäre der Spuk vorbei. Die Resignation zog ihn zum Abgrund, aber sein Selbsterhaltungstrieb verankerte seine Füße vor der Brüstung. Er stand auf dem Dach eines elfstöckigen Gebäudes, ein Kaufhaus, Abbild einer Konsumfantasie. Unter seinen Füßen regierte der Kaufrausch in höchster Potenz, tausend und eine Begierde, eine Kavalkade aus blinkendem Plunder, makellose Plastizität, goldenes Füllhorn versus innere Leere.

Etwas in ihm weigerte sich noch, die Niederlage anzuerkennen, den konsequenten Schritt auszuführen.

Ein Blick über die Dächer der Stadt, Satellitenschüsseln ohne Empfang. Je länger er dort verharrte desto deutlicher schien ihm die Unausweichlichkeit seines Tuns.

„Los doch, bring es endlich hinter dich!", spornte er sich an.

Eine gurrende Taube wackelte über das Gesims.

Und dann sprach aus unbestimmter Richtung eine andere Stimme zu ihm:

Dir verlangt nach Stille und Geborgenheit ... entspanne deinen Geist, nichts und niemand kann dir etwas zufügen ... höre auf meine Worte, ich beginne jetzt zu zählen ... zehn, neun, lass dich unbesorgt fallen, alles ist in bester Ordnung ... acht, sieben, du gleitest ins Unter-

bewusstsein, vergessen sind die Ängste ... sechs, fünf, friedvoll und erleichtert tauchst du ein ... ja Walter, so ist's recht ... vier, drei ...

Zwischen zwei Augenblicken hing er schwerelos in der Luft, dann raste er abwärts, Fensterscheiben flogen vorüber, der Fahrtwind rauschte, Stockwerk für Stockwerk raste er der Auflösung entgegen.

Nicht weit davon entfernt vollzog sich ein anderes Dasein. Am Fenster eines Hotelzimmers stand ein Mann und spähte hinaus. Prozessionen aus Blech wälzten sich über die Straßen, sein Blick folgte dem Zickzackkurs eines Motorrads auf dem Weg zum Christianshaven. Im Einklang mit dem Geschoss schlug die Wirkung des Kokains ein. Polarklare Gehirnströme setzten seinen Körper in Bewegung und manövrierten ihn zur Tür hinaus. Der Fahrstuhl beförderte seine 114 Kilo nach unten, die Metallschleusen glitten beiseite und gaben den Blick auf die Lobby frei.

Er trat auf den Vorplatz hinaus. Sein Ereignishorizont dehnte sich und erfasste jede Einzelheit. Er setzte sich ins wartende Taxi. Der Chauffeur tat sein Bestes, den Eindruck von Zielbewusstsein zu vermitteln; dennoch brauchte er für die Strecke bis zum Villenviertel vierzig Minuten.

Die Rømersgade strotzte vor gepflegter Beschaulichkeit, die Häuser an der Allee überboten sich gegenseitig an Eleganz. Nummer *29* verfügte über eine Doppelgarage und ein schmuckes Gästehaus. Das Anwesen des Doktors erfüllte all jene Kriterien, die Robert seiner Vorstellung von einem Traumhaus zu verleihen pflegte. Seiner Fantasie nach räkelte sich drinnen eine gebräunte Schönheit auf einer Chaiselongue und blätterte in einem Modemagazin. Er tastete die Festnetznummer des Multi-sound-so-Forschers und prompt stöhnte eine weibliche Stimme in sein Ohr: „Christabelle."

„Guten Tag", sagte er mit ernster Stimme. „Hier spricht Volker Vogtmann. Könnte ich bitte mit Herrn Doktor Kofoed sprechen?"

Wie vermutet, war der alte Quacksalber nicht da.

„Tut mir leid, mein Mann ist heute Morgen nach Århus gefahren, zu einer wichtigen Besprechung."

Gewiss war Christabelle darauf gedrillt, die Handynummer ihres Gemahlen geheim zu halten.

„Worum handelt es sich, soll ich meinem Mann etwas ausrichten?"

Fasziniert horchte er dem Rhythmus ihres Atems. Er widerstand dem Impuls, ihr durch Zureden nähere Einzelheiten zu entlocken.

„Nein, das ist wirklich nicht nötig, ich melde mich ein anderes Mal."

Was es tatsächlich mit der Fakultät zu Århus auf sich hatte, würde er bald in Erfahrung bringen. Fürs Erste schickte er sich an, einer etwas anders gearteten Problematik beizukommen.

„Okay, zurück ins Zentrum", wies er den Taxifahrer an. „Istedgade. Und diesmal keine Umwege, haben Sie mich verstanden!"

Fünf Gramm müssten ausreichen, um seine Vitalität für die Dauer des Aufenthalts aufrechtzuerhalten.

„Istedgade, Vergnügungsviertel", bestätigte der Fahrer und grinste. „Wird gemacht!"

Robert hasste derlei Vertraulichkeit.

„Die Kirche dort soll einen Besuch wert sein", gab er höhnisch zum Besten.

Der Fahrer stierte in den Rückspiegel. „Oh! Tatsächlich?" Er zuckte mit den Schultern, setzte der angestrebten Verbrüderung ein Ende.

Ob Gotteshäuser oder Religion – die *Kirche* war ihm völlig egal. Mittlerweile waren sechs oder sieben Jahre verstrichen, seit Robert zuletzt den kühlen Moder einer Kapelle eingeatmet hatte. Nicht etwa, um gesenkten Hauptes die Beichte abzulegen; vielmehr hatte er im Auftrag eines Familienvaters einem pädophilen Pfarrer das Handwerk gelegt.

Der Chauffeur lieferte sein eigenes Glaubensbekenntnis: „In der Istedgade gibt es auch noch andere Attraktionen!"
„Ach, und die wären?", fragte Robert.
„Mösen", rief der Kerl allen Ernstes. „Haufenweise Mösen!"

Fleischvergiftung

Die Dame aus Valby lag einem Walross gleich auf dem Operationstisch, die „Niere" schlürfte eine Tasse heiße Kakaomilch in der Cafeteria, und Kenneth, der Krankenpfleger, schlüpfte unbemerkt in das sturmfreie Krankenzimmer. Unter Svetlanas makaber zugerichtetem Äußeren vermutete er die Erfüllung seiner erotischen Fantasien. Ihr momentanes Unvermögen, komplett verständliche Sätze zu formulieren, übte einen unwiderstehlichen Reiz auf seine Libido aus. Zum Beschützerinstinkt gesellte sich ein maskuliner Besitzanspruch und nährte den Glauben an ein Arrangement zu seinen Gunsten. Die Triebe fütterten seine Vorstellungskraft und schnürten ein magisches Paket, das verheißungsvoll unterm Tannenbaum lag: Svetlana.

Die Realität dahingegen spielte seinem Wunschdenken einen Streich, irgendetwas raubte der dargebotenen Szene ihre magische Note. Die gebogenen Metallschrauben, die anstelle eines Maulkorbs aus ihren Wangen ragten, wirkten zu gleichen Teilen Lust hemmend und außerordentlich verstörend. Andererseits stand Svetlana noch unter dem Einfluss schmerzstillender Opiate, war ans Bett genagelt durch ein pharmazeutisch generiertes Delirium.

Sein Herz schlug immer höher. Vom Fußende ausgehend, schob er ihre Zudecke die Beine aufwärts bis zur Bauchgegend. Dieselbe Prozedur wiederholte er mit ihrem Nachthemd, sodass ein türkisfarbener Slip und die Vertiefung ihres Bauchnabels zum Vorschein kamen. Nunmehr war ihr verunstaltetes Gesicht hinter einem Textilwall verborgen. Er zwängte seine Finger unter den Saum ihrer Unterhose und ließ sie mit einer raschen Bewegung über ihre Beine gleiten. Ja, da war *sie*, von Schamlippen umkränzt, magisch und verpönt, verboten und gekrönt von einem Dreieck dunkelblonder Haare. Zwei straffe Oberschenkel wiesen den Weg, genießerisch schob er Svetlanas Beine auseinander und tauchte hinab in den wärmenden Schoß. Seine Zungenspitze leckte über das purpurfarbene Fleisch, schmeckte einen Cocktail aus Schweiß, Sekret und Urin. Er vergaß die Welt im Allgemeinen und das Krankenhaus im Besonderen und verschaffte seiner pochenden Erektion den erforderlichen Freiraum.

Sie waren ganz allein, ihre Vagina und er, eine Ekstase ohnegleichen.

Aus heiterem Himmel flog die Tür auf! Bärenstark und breitbeinig, die Fäuste zu Schraubstöcken geballt, stampfte ein Mann über die Schwelle. Svetlanas Tau tropfte von Kenneths Nase, als er erschrocken den Kopf hochriss und seinem Untergang ins Auge blickte.

„Was zum Teufel? Was machst du da, du Dreckschwein!", rief Freddy im Bemühen, seinem Fassungsvermögen auf die Sprünge zu helfen. Ungläubig starrte er auf das sabbernde Spektakel.

Ich werd nicht mehr! Was geht in diesem Scheißkrankenhaus vor sich?"

Kenneth hüpfte hoch, sein Penis federte verräterisch im Zimmer auf und ab. Jeder Erklärungsversuch war zum Scheitern bestimmt.

Trotzdem setzte er zu einer kläglichen Rechtfertigung an: „Es geht darum, dem Patienten, ähm, eine bestmögliche Entspannungshilfe zu bieten, ja, deshalb hat Svetlana mir, ähm, im gegenseitigen Einvernehmen versteht sich, hat mir die Erlaubnis er..."

Den Schädel senkend, hechtete Freddy wie ein Rammbock über das Bett und er torpedierte mit aller Macht Kenneths Brustkasten. Ein irrer Ballettmeister inszenierte eine Abfolge von Gewalt, als zuerst der Nachttisch unter Kenneths Oberkörper zerbarst, woraufhin Freddy eine halbe Drehung vollzog und den Heizkörper aus der Verankerung riss.

„ICH MACH DICH FERTIG!", schrie er außer sich. „DU BIST HAIFISCHFUTTER, ALTER! ICH REISS DIR DEN ARSCH AUF!"

„Bist du das, Freddy?", stöhnte Svetlana, von Tabletten umnebelt. Die Verschraubungen in ihrem Kiefer spalteten peinigend das Nervengewebe. Niemand nahm Notiz von ihrem Leiden.

Vom Adrenalinschub hochgepeitscht, gab Freddy erneut Vollgas; er umfasste Kenneths Schädel und hämmerte ihn wieder und wieder gegen die Zimmerwand, bis ein roter Fleck die Wand färbte.

„SO, DA HAST DU'S!"

Als Nächstes zersprang die Fensterscheibe, lauter funkelnde Kristalle. Kenneths Körper flatterte aus dem oberen Stock und landete inmitten einer Insel aus Brombeergesträuch. Eine Woge aus Schmerz überschwemmte ihn, dann verlor er das Bewusstsein.

Die Wirklichkeit schien realer denn je. Von Eifersucht gebeutelt, startete Herman den Motor seines Wagens und nahm die Verfolgung auf. Maya, *seine* Maya saß im Auto eines gut aussehenden Jünglings und untermalte ihre Unterhaltung mit schwalbenhaften Handbewegungen. Schlimmer noch: das Fahrzeug, ein Peugeot Pegasus, fuhr bis ans untere Ende der Viktoriagade, kreuzte die Amalien Allee und steuerte dann auf die Gasse zu, in der sich Mayas Wohnung befand.

Seit ihrer gemeinsamen Nacht war sie seinen Bitten um eine Stellungnahme mit kühler Reserviertheit entwichen. Nein, sie sei ihm bestimmt keine Erklärung schuldig, hatte sie verlauten lassen. Deshalb sehe sie keinerlei Anlass, die Angelegenheit ins Abstrakte zu vergrößern. Sie beabsichtige weiterhin, ihm eine gute Kollegin zu sein, doch ihr Flirt sei eine einmalige Sache gewesen. Schließlich seien beide erwachsene Menschen. Sie müssten sich wegen der Zufriedenstellung sexueller Bedürfnisse nicht schämen. Doch dadurch entstehe nicht automatisch eine emotionale Bindung, damit müsse man rechnen.

Und so weiter und so fort ...

In diesem Augenblick war es ihm vorgekommen, als hätte Maya einen 1000-Watt-Hitzestrahl direkt auf seine Stirn gerichtet und seine Gehirnmasse zum Schmoren gebracht.

Selbstsüchtige herzlose liederliche Schlampe!

Seither brachte ein Strudel der Gefühle seinen emotionalen Haushalt in Unordnung. Mal hasste er Maya von ganzem Herzen, mal liebte er sie mit abscheulicher Wut im Bauch.

„Danke fürs Mitnehmen", sagte Maya und hielt ihrem Kavalier die Hand hin. „Schönen Gruß an deine Schwester."

„Werde ich ausrichten", grinste der neue Laborant. „Willst du mich nicht zu einer Tasse Kaffee einladen?"

Die gute Stimmung kippte – Mayas Ablehnung war vorprogrammiert.

„Nein, will ich nicht. Aber nochmals besten Dank!"

„Okay, war ja nur 'ne Frage. Kein Problem. Also dann, bis morgen."

Maya stieg aus und ließ die Beifahrertür zuknallen.

Herman, der in einer Entfernung von etwa fünfzig Metern geparkt hatte, schickte ein Stoßgebet gen Himmel. *Danke lieber Gott!* Sie hatte der Versuchung standgehalten und dem Schönling weiterführende Intimitäten verwehrt. Mayas Attitüde gab ihm Anlass, beschwingt und guter Dinge nach Hause zu fahren. Einmal mehr hatte seine Hoffnung die Eiszeit überdauert. Früher oder später würde sie seine solide Persönlichkeit zu schätzen wissen, würde reumütig zu ihm kommen und um Verzeihung bitten.

Mit erhöhter Geschwindigkeit war Robert über die Autobahn gerast, hatte innerhalb weniger Stunden eine beträchtliche Distanz zurückgelegt. Die Stimme des „Navi" dirigierte ihn zielsicher durchs Straßenlabyrinth der Århuser Altstadt. Am Anfang der Fredensgade nahm er seinen Fuß vom Gaspedal und rollte im Schritttempo die Häuserfront entlang. Er stoppte den Mietwagen vor einer Ausfahrt und drehte den Zündschlüssel. Neben der Beifahrertür protestierte ein Warnschild: *Ausfahrt freihalten!* Der Wind kämmte eine Ligusterhecke. Er bemerkte die haarfeinen Risse im Mauerwerk des Hauses. Gebell ertönte, als sein Finger einen Klingelknopf berührte.

„Ja?", erklang eine Stimme aus der Gegensprechanlage.

„Mein Name ist Mangold-Larson", begann er. „Ich handle im Auftrag von Frau Elsa Bach, ich befinde mich auf der Suche nach ihrem vermissten Sohn."

Er ließ einen Moment verstreichen.

„Neueste Spuren haben mich nach Århus geführt, genauer gesagt, konzentrieren sich meine Nachforschungen auf die hiesige Fakultät. Frau Bach hat mich in Kenntnis gesetzt, dass Sie und Walter bis zu seinem Verschwinden ein Paar gewesen sind, und aus diesem Grund möchte ich Ihnen..."

„Ich begreife nicht ... Wer sind Sie?"

„Mangold-Larson, Privatdetektiv."

„Stehe *ich* jetzt unter Verdacht?" Ihre Stimme klang verzerrt. „Was soll das heißen? Dass seine Mutter mir ...?"

„Aber nein! Gegen Sie besteht keinerlei Verdacht", baute er die Lüge aus. „Allerdings gibt es innerhalb Ihres beruflichen Umfelds einige krumme Verbindungen."

„Ich verstehe noch immer nicht", klang es aus der Sprechanlage.

Robert hatte die Reaktion vorhergesehen; seine Worte täuschten ein gemeinsames Anliegen vor: „Ich bedaure, dass ich Sie mit dieser Hiobsbotschaft so plötzlich überfallen muss. Andererseits möchte ich Ihnen die Rückschlüsse, die sich aus meiner Ermittlung ergeben, nicht vorenthalten."

Er ließ eine Kunstpause verstreichen.

„Mir ist natürlich klar, dass Sie in dieser Sache schon viel durchzumachen hatten. Ich will keine alten Wunden aufreißen, dennoch möchte ich Sie bitten, mir ein paar Minuten ihrer Zeit zu geben."

Anhaltendes Schweigen.
„Darf ich bitte hereinkommen?"
Ein Summen ertönte. „Zweiter Stock!"

Als seine Schulter gegen die Haustür drückte, verlieh er sich selbst den Ritterschlag. Gleich darauf hallten seine Schritte im Treppenhaus wider. Aus einem Zwang heraus fing er an, die Stufen zu zählen: siebzehn, achtzehn, neunzehn …
Dann geschah es!
Auf halber Höhe zwischen dem zweiten und dritten Treppenabsatz traf ihn die Wucht eines Déjà-vu-Erlebnisses. Unversehens geriet seine Welt ins Wanken und seine Identität zerbröckelte gleich dem Mauerwerk des Hauses. Als wäre er seit jeher diese ausgetretenen Stufen empor gewankt, als hätte er seit jeher die jodhaltige Luft eingeatmet. Als wäre sein Leben – gebannt in einen unveränderlichen Kreislauf – die bloße Illusion eines Vorwärtskommens und bestünde im Grunde nur aus diesem einzigen sinnentleerten Augenblick.

Hinter der Schiebetür

Die schwarzen Ninjas folgten den telepathischen Anweisungen ihres Führers. Zu Tausenden wogten die vermummten Gestalten durch die Stadt. Explosionen erschütterten das Fundament der Bürgerschaft, aus Hinterhöfen quollen Rauchsäulen empor. Ihr Hass färbte die Gleichgültigkeit des Himmels blutrot. Köpfe rollten, Reifen platzten, Häuserreihen stürzten ein. Über ihren Herzen war das Zeichen der *Rache* tätowiert, aus ihren Blicken züngelten die Speere des Stolzes. Die vorwärtsgerichtete Stoßkraft einer Feuerwalze verwandelte Stadtviertel um Stadtviertel in Schutt und Asche. Denkmäler stürzten von ihren Podesten, verglühten in den Magmaströmen der Erde. Die Pelzmützen der königlichen Leibgarde fingen Feuer, während hinter ihnen die Amalienborg auseinanderbrach. Kopenhagen erlitt einen schmerzhaften Tod, ausgetilgt bis auf die Grundmauern und von der Landkarte radiert mit einem einzigen Streich seiner Hand.

Unter der hohen Deckenkonstruktion wimmelten die Reisenden durcheinander. Der Fußboden der Halle war mit Fliesen gepflastert, im Zentrum waren Zeitungskioske und Imbissbuden angesiedelt. Er taumelte durch den Lärm zum Fahrkartenschalter. Das Kreischen eines Zuges ertönte; ein Geschäftsmann drängelte; eine Frau blies Knoblauchdunst auf seine Wange.

„Der Nächste", forderte der Mann hinterm Schalter; eine Glasscheibe trennte ihn von der Außenwelt.

Er beugte den Oberkörper: „Ich, ähm, ich möchte diese Stadt ... möchte Kopenhagen verlassen ... könnten Sie mir bitte, wenn ich Ihnen ..."

„Nun rede mal etwas lauter, damit ich dich verstehen kann! Ich habe nicht den ganzen Tag Zeit!"

Scham flößte seiner Stimme neuen Mumm ein: „Ich möchte eine Fahrkarte, das ist alles. Hier sind 63 Kronen!" Er ließ eine Handvoll Kleingeld über den Tresen kullern. „Wie weit komme ich damit?"

„Soll das ein Witz sein?", fragte der Glaskasten-Mann, längst davon überzeugt, einem Idioten gegenüberzustehen. „Wenn du mir verrätst, *wohin* du willst, dann sage ich dir, ob deine Mittel ausreichen." Hinter ihm machte Ungeduld sich breit, die Proteste wurden lauter. „Geht das bald voran, oder was?"

„Zieh doch deine Karte am Automaten!"

„Tickt der nicht richtig!?"

„Beweg deinen Hintern!"

Er krallte seine Hände an den Tresen. „Richtung Süden."

„Aha, Richtung Süden? Also gut, bis nach Italien kommst du damit aber nicht!"

Das Gelächter der Wartenden prasselte auf ihn nieder.

Der Glaskasten-Mann schaute auf einen Computerschirm. „Osted, wie wäre es damit? Das liegt kurz vor Roskilde."

Rattatatata ... rattatatata ...

Im Takt mit dem Geholper des Zuges schaukelten die Köpfe der Reisenden her und hin. Ein Blick durchs Fenster ließ die Landschaft grau und trostlos erscheinen. Gelegentlich reihten sich Einfamilienhäuser mitsamt Rasenflächen an die Gleise – Parzellen auf denen sich Autowracks, Sperrmüll und Plastikmöbel zu Skulpturen der Hässlichkeit formierten. Langsam lichteten sich die Reihen der Passagiere, obwohl der Zug nie innehielt und seine Vorwärtsbewegung pausenlos fortsetzte.

Dann schlief er ein.

Ein plötzlicher Stillstand ließ ihn hochschrecken. Wie lange war er fort gewesen? Der Zug hielt inmitten einer Finsternis, als wäre ein tintenschwarzes Tuch um die Außenhülle gespannt. Er spähte hinaus. Der Mangel einer Lichtquelle legte den Gedanken nahe, der Zug wäre in einem Tunnel oder unter einem Viadukt zum Stehen gekommen.

Im Waggon herrschte ebenfalls eine Form der Leere – niemand leistete ihm Gesellschaft, kein Laut verriet die Anwesenheit einer anderen Person. Er stand auf und erreichte den nächsten Waggon. *Niemand* saß auf einem der Sitze und las in einer Zeitung, *niemand* sah ungeduldig auf seine Armbanduhr und ärgerte sich ob der Verzögerung, *niemand* hatte seine Wange ans Kopfpolster gedrückt und schlief. Die Röhre war menschenleer, nichts rührte sich, kein noch so leises Geräusch war zu orten.

Jenseits der Metallwände wartete eine undurchdringliche Nacht.

Würde der Schritt hinaus, hinaus ins Unbekannte, dem Versteckspiel ein Ende bereiten?

Er stieß die Ausstiegstür auf und lauschte. Da beschlich ihn ein Gedanke und bereitete den Boden des Irrsinns.

Wir nennen diesen Zustand eine „konträre Verzögerungs-Variante", sagte die vertraute Stimme. *Sehen Sie mal hier: diese außergewöhnliche Aktivität der Gehirnströme innerhalb des Amygdala-Bereichs, das deutet auf eine verstärkte Subsistenz der imaginativen Prozesse hin. Das Großhirn hingegen ist quasi komplett lahmgelegt und dient allenfalls zur Aufrechterhaltung des biologischen Gesamtsystems. Fürderhin ist anzumerken, dass Lyptozeral die elektrischen Impulse an den Synapsen flächendeckend eindämmt und eine Bildung neuer Nervenenden ganzheitlich unterbindet. Folglich bleiben dem Patienten Rückfälle in eine neurale Stasis bedingt durch Erinnerungsschübe erspart. Wenn Sie mich jetzt entschuldigen würden, meine Damen und Herren, es ist an der Zeit, mit der Behandlung fortzufahren und den nächsten Schritt meiner Multi-Event-Methode einzuleiten.*

Das eigentlich Furchtbare aber war das Fehlen optischer Markierungen – Haltepunkte, die eine Möglichkeit der Orientierung gestattet hätten. Wohin das Auge auch reichte, überall wucherte das Nichts. Konstrukte der Fantasie hätten die Nacht, diese Umnachtung füllen und Illusionen erschaffen können, an denen er sich hätte binden können. Etwas vorzugaukeln, um nicht aus dem Rahmen der „Konformität" zu fallen, um nicht diesem Niemandsland ausgeliefert zu sein.

Lieber Gott, erbarme dich meiner!

Und es wurde Licht! Wolken wälzten sich gen Norden ... der Bahnsteig entrollte seine betonierte Gegenständlichkeit. Neue Geschehnisse fegten übers Land, ahnungslose Menschen traten zurück auf den Plan ihres Schöpfers.

„Bitte treten Sie zurück, die Türen schließen automatisch!"

Im Überschwang seiner Dankbarkeit hätte er am liebsten geschrien vor Glück, oder dem erstbesten Passanten die Hand gereicht. Die Welt, die Illusion von einer Welt war wieder vorhanden, sie umgab ihn als komplexer, lückenloser Ereignishorizont, sie bettete ihn ein mit ihrem Wirken und ständigem Wandel, verwob sein Leben in einen mannigfaltigen Lauf der Ereignisse.

Im Lichte der wiederauferstandenen Erde nahm die Frage nach dem Sinn des Daseins *sinnlose* Formen an. Nie wieder wollte er Zweck und Ziel seines Vorhandenseins auf den Grund gehen. Nie wieder seinen Bewusstseinszustand hinterfragen. Denn tief verborgen in den Windungen seines Gehirns lauerte eine Antwort.

Der Schaffner hob eine Trillerpfeife an den Mund und stieß einen Pfiff aus. Die Geräuschkulisse, der Trubel, die Menschen an den Bahnsteigen – alles zeugte von städtischer Dynamik. Am Ende des Perrons trug ihn eine Rolltreppe zurück an den Schauplatz der Geschichte, die Stadt Kopenhagen.

Er war nie fort gewesen.

Verschwörungstheorie

Ihr höfliches Auftreten konnte die Irritation kaum verhehlen.

„Möchten Sie etwas trinken, soll ich einen Kaffee machen oder möchten Sie lieber einen *Whisky*?"

Unruhig rutschte Robert im Sessel umher.

„Nein, danke", wehrte er ab, „darf ich gleich zur Sache kommen?"

Mit diesen Worten legte er die Kopie der Gästeliste auf den Wohnzimmertisch.

„Sagen Ihnen einige der Namen etwas?"

Das Blatt zur Hand nehmend, unterzog sie das Namensverzeichnis einer genauen Betrachtung.

„Selbstverständlich. Peter Hansen ist Leiter der Fakultät, mein Vorgesetzter, und Doktor Bjarne Jakobsen und Doktor Emil Skelby statten der Fakultät gelegentliche Besuche ab", sagte sie, rasch aufblickend, „um diverse Versuchsreihen in Augenschein zu nehmen."

„Versuchsreihen? Innerhalb der Fakultät?"

„In den unterirdischen Laboratorien, wo wir... "

Mitten im Satz hielt Maya inne und bedachte den Privatdetektiv mit Argwohn.

„Ich begreife nicht, was das alles mit Walters Verschwinden zu tun haben soll. Können Sie mir bitte den Zusammenhang erklären, ehe ich Ihnen weitere Details aus meinem beruflichen Umfeld preisgebe?"

„Natürlich, darauf komme ich gleich zu sprechen."

Mit dem Zeigefinger maß er der Kopie eine zentrale Bedeutung bei.

„Es handelt sich um eine Liste über sämtliche Teilnehmer einer kürzlich abgehaltenen Pressekonferenz. Neben dem Journalistenvolk waren Mediziner und sogar ein hoher Minister mit von der Partie."

„Pressekonferenz?", warf sie ein. „Reden Sie von der Veranstaltung in Kopenhagen, wo Doktor Kofoed seine aktuellen Forschungsergebnisse bekannt gegeben hat?"

„Sie wissen Bescheid?" Er konnte nicht verhindern, dass seiner Stimme ein hämischer Klang anhaftete.

„*Bescheid?* Wovon weiß ich Bescheid? Was soll das ganze Gerede?" Der Sache überdrüssig, sagte sie: „Warum verraten Sie mir nicht endlich, worauf Sie hinauswollen? Ich habe wirklich keine Lust..."

„Bitte entschuldigen Sie", beeilte er sich einzuräumen, „möglicherweise habe ich tatsächlich einige voreilige Schlüsse gezogen! Aber Sie müssen mich verstehen, unter diesen Umständen ..."

Zur Veranschaulichung seiner Worte zählte er einzelne Verdachtsmomente an den Fingern auf. „Zu Punkt eins: Kofoed hat Walter Bach über einen längeren Zeitraum behandelt, oder irre ich mich?"

Maya deutete ein Kopfschütteln an.

Robert fuhr fort: „Er hat Walter ein neuartiges, von ihm selbst entwickeltes Medikament verabreicht, darüber hinaus eine – für meine Begriffe – zweifelhafte Behandlungsmethode angewendet, von der nur die Herren in Weiß wissen, welchem Zweck sie dienen sollte."

Maya entglitten die Gesichtszüge.

„Wie kommen Sie darauf? Ich meine, welche Art von Behandlung Doktor Kofoed bei ihm durchgeführt hat?" Sie ordnete ihre Gedanken. „Walter ist damals mithilfe des Präparats Genophostat geheilt worden, ganz recht. Das kann ich bestätigen, wir lebten schließlich zusammen. Des Weiteren ist mir bekannt, dass Doktor Kofoed im Rahmen der Multi-Event-Forschung eine Reihe Tests durchgeführt hat. Falls Sie darauf hinauswollen, kann ich Ihnen versichern, dass Walters Psyche keinen Schaden genommen hat. Im Gegenteil, ihm ging es besser denn je!"

Robert gewann den Eindruck, dass Maya mehr zu sich selbst sprach, als an ihn gewandt. Wie jemand, der einen insgeheim gehegten, doch innig verdrängten Verdacht übertönen möchte.

„Tja, so sicher wäre ich mir da nicht an Ihrer Stelle. Wenn alles so glatt gelaufen wäre, wie Sie behaupten, wieso ist er dann so plötzlich verschwunden?"

Maya blieb stur: „Ich sehe keinerlei Verbindung!"

Er schob ein weiteres Blatt Papier über den Tisch. „Doch um Ihre Frage zu beantworten: mein Kontaktmann hat mir dieses Dokument zusammen mit der Einladung zur Konferenz zugespielt. Wie Sie sehen können, geht aus den Aufzeichnungen hervor, dass Walter als Teil der Behandlung hypnotisiert worden ist."

„Ja, ich weiß", entgegnete Maya streng, doch ihre Haltung vermochte die Verunsicherung kaum mehr zu bändigen, geschweige denn die Panik, die plötzlich in ihr aufstieg.

„Zu Punkt zwei: Sie, seine damalige Lebensgefährtin, verlassen ein Jahr nach Walters Verschwinden Kopenhagen und bekleiden eine Stellung an der Århuser Fakultät, die ausgerechnet von Doktor Peter S. Hansen geleitet wird. Ein jahrelanger Kollege und, wie ich vermute, enger Vertrauter von Steen Kofoed."

„Genug!", protestierte Maya und sprang aus dem Sessel. „Ihre Verschwörungstheorie können Sie sich an den Hut stecken! Wenn Sie mich fragen: nichts als Unfug ist das, ein Haufen Spekulationen! Was soll das Ganze überhaupt bedeuten? Hat etwa Doktor Kofoed Walter aus der Welt geschafft? Das ist doch lächerlich, auf diesen Schwachsinn will ich mich erst gar nicht einlassen! Und was ist mit mir? Stecke ich mit Kofoed unter einer Decke, und Hansen und die anderen ebenso?"

Ihr Zorn führte jetzt das Wort: „VERLASSEN SIE AUGEN-

BLICKLICH MEINE WOHNUNG! UND RICHTEN SIE FRAU BACH AUS, DASS ICH IHR VIELMALS FÜR DAS SCHEISSVERTRAUEN DANKE!"

Robert rührte seine 114 Kilo um keinen Millimeter.

„Ich kann Ihre Bestürzung nachvollziehen, glauben Sie mir. Was Sie betrifft, habe ich meine Meinung soeben korrigiert."

„DANKE, WIE GROSSMÜTIG!"

„Zuerst war ich der Überzeugung, dass Sie, zumindest teilweise, in die Sache verwickelt sein müssten."

„WELCHE *SACHE*? WAS BILDEN SIE SICH EIN?"

Er blickte Maya unverwandt an. „Genauso wenig wie ich Sie für eine oscarreife Schauspielerin halte, scheinen die Vorfälle nicht auf Zufällen zu beruhen. Meine Instinkte betrügen mich selten."

„IHRE INSTINKTE!"

„Da haben Sie Recht, von einer eindeutigen Beweislage kann keine Rede sein. Die Polizei jedenfalls würde der Geschichte kaum Bedeutung beimessen, ich allerdings bezeichne die Kette von Ereignissen als verdächtige Zusammentreffen."

„RAUS, HABE ICH GESAGT!"

Robert blieb stoisch. „Punkt drei: Wie ich erfahren habe, ist Kofoed gestern in der Fakultät gewesen, um – ich zitiere – an einer wichtigen Besprechung teilzunehmen. Ich frage mich, worum es bei solchen wichtigen Besprechungen tatsächlich geht?"

„ABER DAS BEWEIST DOCH ÜBERHAUPT NICHTS!" Ringsum schwankten die Möbel. „WAS SOLL DAS? SIE BEZICHTIGEN EINEN ANGESEHENEN ARZT EINES GEMEINEN VERBRECHENS! IHRE INSTINKTE SIND WOHL KOMPLETT MIT IHNEN DURCHGEGANGEN?"

„Wollen Sie denn nicht herausfinden, was wirklich mit Ihrem Freund geschehen ist?"

Mayas Panzerung wurde durchlässig. „Warum lassen Sie mich nicht in Ruhe? Walter ist verschollen, ich ahne nicht weshalb. Etwas ist ihm zugestoßen, das ist lange her."

Sie setzte sich wieder hin und schrumpfte in sich zusammen. Wohl oder übel musste er den Samariter spielen.

„Wäre es nicht besser, wenn Sie eine Antwort auf Ihre Fragen erhielten, statt sich zeitlebens mit dieser Ungewissheit herumschlagen zu müssen? Ich möchte Ihnen gern behilflich sein und das Rätsel um Walters Verschwinden lösen. Aber das lässt sich nur bewerkstelligen, wenn Sie mir Ihrerseits einen Dienst erweisen."

Robert scheute sich nicht, von ihrer einstweiligen Schwäche zu profitieren. „Können Sie mir verraten, was genau in den Laboratorien der Fakultät vor sich geht?"

Einen Moment lang vergaß sie ihren Kummer.

„Ich bin Biologin, primär beschäftige ich mich mit den Aspekten der Vermehrung respektive der Aufrechterhaltung von Bakterienkolonien innerhalb labiler Systeme, als da wären die Doppelte Ypsilon-Variante sowie der laktotrope... "

„Schon gut", unterband Robert den Redefluss. „Forschen Sie auch im Bereich der Medikamentenherstellung? Genophostat und Lykto ... ähm ... Lypto ..."

„Lyptozeral!", half sie dem Laien aus der Verlegenheit. „Nein. Die Pharmaforschung vollzieht sich in separaten, geschlossenen Abteilungen."

„Wundert mich nicht", murmelte er vor sich hin. „Haben Sie Zugang?"

„In seltenen Fällen, wenn einer der leitenden Doktoren anwesend ist."

Robert setzte alles auf eine Karte. „Könnten Sie diese Bereiche auch unbeaufsichtigt betreten?"

„Was ... *wieso?* Was soll ich denn dort finden?"

„Hinweise! Informationen in Form von geheimen Dokumenten, Forschungsergebnisse aller Art. Des Rätsels Lösung!"

Hin und her gerissen zwischen Unglaube und Bestürzung, flüsterte sie: „Ich weiß nicht, ob ich ... und Sie meinen wirklich, es könnte ..."

„Wäre es machbar, dass Sie sich da drinnen einmal umschauen?"

Sie überlegte angestrengt. Aus der Küche drang das Rumoren des Kühlschranks.

„Nun, am besten wäre es wohl, wenn ich Doktor Morten einweihen würde, ansonsten sehe ich keine Möglichkeit, in den gesicherten Bereich zu gelangen."

„Doktor Morten?"

„Ein, ähm, Freund und Kollege von mir." Sie errötete. „Ich denke, dass er mir helfen wird, wenn ich ihn darum bitte."

„Ich verstehe." Robert sah keine andere Alternative. „Können Sie diesem Doktor Morten vertrauen?"

„Unter Umständen."

„Seien Sie vorsichtig", riet er. „Hier ist meine Telefonnummer. Rufen Sie mich an, sobald Sie etwas in Erfahrung gebracht haben."

„Und was werden Sie jetzt tun?"

„Ich fahre noch heute zurück nach Kopenhagen."

Robert verfügte über eine unerschöpfliche Energiequelle. Seine Zuversicht wirkte wie ein höhnischer Kommentar angesichts ihres Befindens.

Kausalketten

„Vater, bist du es?" >> *Ich bin es, mein Sohn.*
 „Wo bist du?" >> *Bei dir! Fürchte dich nicht!*
 „Was geschieht mit mir?" >> *Du hast sehr lange geschlafen.*
 „Werde ich wieder gesund?" >> *Dir passiert nichts, sei beruhigt.*
 „Wer bin ich?" >> *Die Gesamtheit deiner Genome.*
 „Bin ich wie du?" >> *Niemand ist wie ich, keiner ist wie er.*
 „Gibt es einen Himmel?" >> *Es gibt die Unendlichkeit.*
 „Und die Ewigkeit?" >> *Ein und dasselbe.*
 „Muss ich sterben?" >> *Ja.*
 „Wird alles vorbei sein?" >> *Deine Wesenheit wird enden.*
 „Weshalb?" >> *Weil sie begonnen hat.*
 „Und du?" >> *Mein Vermächtnis bleibt bestehen.*
 „Bist du Gott?" >> *Gott im relativen Sinn.*
 „Hast du die Welt erschaffen?" >> *Du hast die Welt erschaffen.*
 „Ich?" >> *Vertraue mir, mein Sohn, denn dein ist das Reich und die Kraft in Ewigkeit.*
 „Ich bin es!" >> *Wo bist du?*
 „Bei dir, fürchte dich nicht!" >> *Was geschieht mit mir?*
 „Du hast sehr lange geschlafen." >> *Werde ich wieder gesund?*
 „Dir geschieht nichts, sei beruhigt." >> *Wer bin ich?*
 „Die Gesamtheit deiner Genome." >> *Bin ich wie du?*
 „Niemand ist wie ich, keiner ist wie er." >> *Gibt es einen Himmel?*
 „Es gibt die Unendlichkeit." >> *Und die Ewigkeit?*
 „Ein und dasselbe." >> *Muss ich sterben?*
 „Ja." >> *Wird alles vorbei sein?*
 „Deine Wesenheit wird enden." >> *Weshalb?*
 „Weil sie begonnen hat." >> *Und du?*

„Mein Vermächtnis bleibt bestehen." >> *Bist du Gott?*
„Gott im relativen Sinn." >> *Hast du die Welt erschaffen?*
„Du hast die Welt erschaffen." >> *Ich?*
„Vertraue mir, denn ich bin das Reich und die Kraft in Ewigkeit."

Quecksilbrige Fäden quollen aus dem Mauerwerk. Durch eine vergitterte Fensterscheibe strömte das Licht einer Straßenlaterne; an den Wänden erstarrten Graffitimotive zu monströsen Farbexplosionen. Feuchter Odem dampfte aus dem Keller des Gebäudes und von der Zimmerdecke troff in regelmäßigen Abständen Regenwasser. In der zunehmenden Dämmerung verstärkten sich die Visionen, das Abbild der Erde schwebte über einer Betonlandschaft. Der Lichtkegel eines vorbeifahrenden Wagens scheuchte Silhouetten durch den Raum. Das rhythmische Stampfen aus einer Industrieanlage drang in seine Zufluchtsstätte. Seine Augen verfingen sich im Graffiti-Chaos der Wände, folgten der Spur einer aufkeimenden Erinnerung.

Einige Meilen entfernt, in einem Mietshaus der Hedebygade, waren drei Homo sapiens versammelt und ließen eine marokkanische Wasserpfeife blubbern. Das Zimmer mit Ausblick auf den Hinterhof erzitterte von dem Wummern einer 1000-Watt-Bassdrum-Anlage. Die vorwärtspreschenden Beats einer *Gorillaz*-Scheibe dröhnten aus den Boxen.

„O Mann, bin ich dicht!", grölte Preben, die Paukenschläge und Fanfarenklänge übertönend.

Im Kreise schwenkte ein zufriedenes Gelächter.

„Und ich erst!", bestätigte Torben, wobei er seine achte (oder war es schon die neunte?) Bierdose öffnete. *Klack-zischsch!*

„Prost, Kumpels!"

Jesper vollbrachte das phänomenale Kunststück, eine Handvoll Erdnüsse in den Mund zu stopfen und gleichzeitig einen Rülpser auszustoßen. Ohne fremde Hilfe hatte er eine halbe Flasche

Smirnoff in sich hineingeschüttet und schmiss nun, vom Alkoholpegel aufgeputscht, die letzten Hemmungen über Bord.

„Wie müssen endlich mal wieder ein paar geile Weiber aufreißen!", verkündete er. „Mir tun schon die Eier weh!"

„Hast dir wohl heute noch keinen Porno reingezogen."

„Scheiß was auf Pornos, Mann! Ich will 'ne richtige Möse ficken!"

Preben hielt dagegen: „Schön wär's. Die Weiber sind doch alle total bekloppt, alles eingebildete Kühe."

„Scheißweiber!", ergänzte Torben.

Seine Erektion bescherte Jesper ungewohnte Tatkraft. „Leute! Sollen wir nachher ins Crazy Daisy gehen? Da hängen immer ganz passable Mädchen rum."

„Kostet doch nur Kohle", wandte Preben ein, „da können wir auch gleich 'ne Nutte abschleppen, geht schneller."

„Einmal ablutschen, hihi, zwanzig Mäuse!", kommentierte Torben, und fand bereits Gefallen an der Idee.

„Ey, seid ihr bekloppt! Überhaupt sind mir die Nutten viel zu vollgesifft, da steckt doch jeder seinen Schwanz rein!"

Am Zenit seiner Verblödung holte Preben zum großen Schlag aus.

„Wisst ihr was? Wir nehmen uns einfach, was wir haben wollen, laufen ja genügend Mösen durch die Stadt! Wir machen es irgendeiner geilen Schlampe nach Strich und Faden, ob sie will oder nicht!"

Der Pfeifenrauch waberte und wogte, Preben und Torben und Jesper sahen sich an. Die Inbrunst verschmolz mit dem Kitzel des Verbotenen.

Eine Mixtur aus Mentholzigaretten und Eau de Toilette umhüllte ihre Erscheinung. 163 Zentimeter geballte Weiblichkeit, verlängert um sieben Zentimeter mittels hochhackiger Schuhe. Das Tattoo befand sich an überraschender Stelle, ein stilisierter Skorpion über dem linken Schulterblatt, und das Bauchnabelpiercing war mit feuerroten Saphiren bestückt. Christine war zweiundzwanzig Jahre alt, Studentin der Kunstwissenschaften, Badminton-Spielerin und Besitzerin eines stilvoll eingerichteten Apartments im Frederiksberg. Dreimal wöchentlich kellnerte sie in einer Cocktailbar, umtost von jazzigem Negersound und flirrendem Neonlicht. Wortgestammel und das Klirren der Gläser war Teil ihrer Welt.

Die Musik verstummte, helles Licht scheuchte die letzten Nachteulen auf den Gehsteig hinaus. Die Zeiger der Wanduhr zeigten auf Viertel nach eins. Christine legte ihre Jacke an und winkte ihrem Chef zu.
„Tschüss Arne, bis morgen."
„Mach's gut, Christine."
Er fischte gerade die Einnahmen aus dem Kassenapparat. „Nimmst du heute kein Taxi?"
„Nein, lieber nicht. Ich brauche unbedingt etwas frische Luft. Außerdem hat ein bisschen Bewegung noch keinem geschadet."
Arne war anderer Meinung: „Bist du sicher?"
Das Echo seines Lachens begleitete sie ein Stück die Vesterbrogade hinauf. Im Nachtgeschäft der Bagerstræde stillte sie ihr Verlangen nach Süßigkeiten, danach bog sie in den Gammel Kongevej ein. Sie näherte sich der weitläufigen Anlage des Frederiksberg Haven und steuerte die Pile Allé an. Vor ihr tauchten die schattenhaften Umrisse dreier Männer auf. Ein Zigarettenstummel segelte zu Boden und erlosch in einer Regenpfütze.

Ehe sie imstande war, einen Schrei des Entsetzens auszustoßen, hatte ein harter Faustschlag sie ins Gesicht getroffen und von den Beinen gerissen. Am Rande der Ohnmacht gewahrte sie, wie unzählige Hände an ihr zerrten. Der Rest ihres Bewusstseins war ohne Orientierung und weigerte sich, den Ernst der Situation anzuerkennen. Sie klammerte sich an den Hauch einer Hoffnung, selbst dann noch, als ihr Leib über lose Äste, Laub und Erde hinter dichtes Buschwerk geschleift wurde.

„Ich zuerst! Es war meine Idee!" Preben bebte vor Erregung.

Zu dritt machten sie sich an ihrer Kleidung zu schaffen, legten ihren Unterleib frei und ihre Brüste. Torben hielt ihren Slip in der Hand.

„Verdammt, die Alte hat ihre Tage! Da ist 'ne Binde drin!"

„Echt wahr?" Jesper schreckte vor dem blutigen Indiz zurück. „Iiiiih!"

Preben machte derweil unbeirrt weiter. „Und wenn schon, 'ne Möse ist 'ne Möse!"

Er löste seinen Gürtel und öffnete den Reißverschluss. „Passt auf, falls jemand kommt!"

Er fuhrwerkte an dem Mädchen herum. Unterdessen nahm Torben die Binde genauer unter die Lupe, während Jesper sein Gerät auf Touren brachte.

Sie hörten nicht das Knacken der Äste oder das metallische Schnalzen, als jemand den Lauf einer 38er spannte.

„Sagt eurem jämmerlichen Dasein Adieu, ihr Schweine!"

Daraufhin explodierte die Welt im Bruchteil einer Sekunde im Blitzgewitter des Todes.

Gewissen ad acta

Ungläubig starrte Herman in ihre grünen Augen.

„Ich bitte dich! Wie kommst du denn auf so was?"

„Bitte, Herman, du musst mir helfen!", flehte Maya. „Falls der Privatdetektiv Recht hat, ist während der Behandlung irgendwas schiefgelaufen!"

„Um Himmelswillen, mach dich nicht lächerlich. Du willst doch diesem Nonsens keinen Glauben schenken? Doktor Kofoed ist ein hervorragender Mediziner und gilt in Forscherkreisen als einer der bedeutendsten Pioniere seiner Generation."

„Ja, aber…"

„Nichts *aber*! Ich begreife ja, dass du eine schwierige Zeit durchlebt hast. Selbstverständlich fehlt dir ein objektiver Abstand zu den Vorkommnissen, doch allein schon der Gedanke ist ungeheuerlich! Sei froh, dass ich ein solches Verständnis für deine Lage aufbringe, jemand anders hätte dich längst für verrückt erklärt."

„Bin ich das?"

„Ach Maya! Dieser merkwürdige Detektiv, was will der überhaupt von dir? Halt dich bloß fern von solchen Leuten", sagte er, nicht frei von Eifersucht. „Wer weiß, was der Kerl im Schilde führt?"

Ihre Hände flatterten. „Vielleicht hat er bloß einen Verdacht bestätigt, mit dem ich mich unbewusst herumgequält habe. Denn falls…"

Herman hielt ihre Schultern fest, insgeheim spürte er ihre hitzige Erregung.

„Hör zu, lass dich nicht in die Irre führen, vergiss den Quatsch!"

„*QUATSCH?*", rief sie wütend.

Als hätte ein Stromschlag ihn erwischt, zuckte er zurück.

„QUATSCH? WAS BEZEICHNEST DU ALS *QUATSCH*! DASS MEIN FREUND SPURLOS VERSCHWUNDEN IST? DASS WALTER VON HEUTE AUF MORGEN EINFACH..."

Instinktiv warf er seine Hände erneut nach vorn.

„Maya, nicht so laut! Ich bitte dich! Denk doch mal nach, willst du wirklich alles aufs Spiel setzen wegen einer ... einer vagen Vermutung?"

„Wenn du mir hilfst, Herman, braucht niemand etwas mitzukriegen", beschwor sie ihn. „Aber falls wir in der Tat etwas finden sollte, dann lassen wir den ganzen Betrieb auffliegen!"

Morten appellierte an ihre Vernunft: „Das kannst du nicht von mir verlangen, weder das eine noch das andere. Ist dir denn nicht klar, dass wir uns genauso gut ein Loch buddeln können, wenn wir uns mit Leuten wie Kofoed und Hansen anlegen? Willst du deine Arbeit hinschmeißen, deinen Beruf an den Nagel hängen – oder glaubst du allen Ernstes, dass uns nach so einer Aktion noch irgendein Forschungslabor einstellen würde?"

Sie hielt dagegen: „Ich *muss* Gewissheit haben, verstehst du nicht? Meinem Freund zuliebe muss ich wenigstens einen Blick hineinwerfen."

„Einen Blick hinein ...? Wo hinein?"

„Ins Archiv!"

„Ich soll dir Zutritt ins Archiv verschaffen", lamentierte er, „mich strafbar machen aufgrund deiner Hoffnung, etwas über den Verbleib deines Freundes herauszufinden? Falls es da überhaupt etwas zu finden gibt." Nach einer Pause: „Und was ist mit mir?"

Welcher Argumente bedurfte es, um den Doktor gefügig zu machen?

Sie sah ihm in die Augen, eindeutig zweideutig, und sprach: „Du wirst es nicht bereuen, Herman."

Na ja, dachte er bei sich, und fühlte sich erstarken, *soviel kann im Prinzip doch gar nicht schiefgehen, oder? Auf keinen Fall durfte er Maya ihrem Los überlassen, sie brauchte seinen Beistand, jetzt mehr denn je!*

Viktoria und Peter Hansen waren seit 36 Jahren ein glückliches Paar. Nie hatten sie ihre Differenzen lautstark ausgetragen, nie dem Partner eifersüchtig nachgestellt oder ihn des Nachts um zwei der Untreue bezichtigt. Ihre Beziehung basierte auf bürgerlichen Werten, ein Eheleben aus dem Bilderbuch der Klischees, wäre da nicht Doktor Hansens verborgene Neigung gewesen.

Seinerzeit, während ihres ersten Urlaubs in Thailand, war der Spuk aus Pandoras Büchse geklettert. Wilde Fantasien, die junge Männer – *junge Knaben* – zum Gegenstand seines Interesses machten, reduzierten ihn zum Sklaven der Begierde. Hartnäckig hielt er sich zugute, kein einziges Mal gegen den Willen eines Jünglings gehandelt zu haben. Stets war er behutsam vorgegangen und darum bemüht gewesen, dem jeweiligen Knaben ein angenehmes Erlebnis zu bereiten. Ihr leises Stöhnen beim Samenerguss hatte er als Zeichen ihrer Zufriedenheit gedeutet. Peter Hansen war Vater einer 22-jährigen Tochter, liebender Ehemann, familiäre und berufliche Pflichten hatte er nie vernachlässigt, niemals etwas Böses im Schilde geführt. In seiner Funktion als Mediziner hatte er hervorragende Leistungen erbracht und war zu Recht mit dem Posten des Fakultätsleiters beehrt worden. An jenem Tag aber, da der große Meister mit seiner Multi-Event-Forschung in sein Dasein getreten war, begann die Welt zusehends aus den Fugen zu geraten. Ruhm und Ehre hatte Kofoed ihm versprochen, internationales Ansehen und die Aussicht auf den Nobelpreis der Medizin. Prompt hatte er die Laboratorien der Fakultät für experimentelle Zwecke zur Verfügung gestellt und war selbst mit Feuereifer ins Projekt eingestiegen. Später allerdings, als Kofoed gehetzt von Machthunger und Geltungssucht die Kollegen unter Druck gesetzt hat, büßte die Forschungsarbeit an Präzision und Gewissenhaftigkeit ein. Ergebnisse wurden einer methodischen Retuschierung unterzogen und potentielle Nebenwirkungen der Präparate als „unbedenklich" klassifiziert. Mit der vertraglichen Bindung an den führenden Pharmakonzern Medico-Trans (und dem daraus resultierenden Zugzwang) nahm das Unheil seinen Werdegang. Immer tiefer geriet Hansen ins psychologische Dilemma aus Reue und Selbstverachtung, während Kofoed ihn nach Belieben steuerte und für seinen interdisziplinären Eroberungsfeldzug missbrauchte.

Doktor Morten sandte Maya einen gequälten Blick. Das Beben seiner Hände wollte kein Ende nehmen; schweißnass pappte die Kleidung an seiner Haut. Im Gegensatz zu ihm gelang es der Biologin, Ruhe zu bewahren und die Aufgabe ohne Zeitverlust anzugehen.

Du hast auch nichts zu verlieren!, dachte er bei sich.

„Bring nichts in Unordnung", stammelte er, als hätte Maya im Sinn, die Papierstapel und Folianten mit einem Dreschflegel durchzupflügen.

Sie überflog eine Reihe Aufzeichnungen, die aus weitläufigen Tabellen und Berechnungen bestanden und zudem Formeln nebst Fußnoten zum Inhalt hatten.

„Beeil dich, bitte!", flüsterte Morten am Ende seiner Selbstkontrolle. „Doktor Hansen könnte jeden Moment hier auftauchen!"

Proportional mit dem Anwachsen seiner Angst, steigerte Maya sich in ihre Sturheit hinein.

„Wo befindet sich die Aktei, in der die Experimente mit den Versuchspersonen erfasst sind?"

Herman hatte Mühe, einen sinnvollen Gedanken an den anderen zu knüpfen. Sein Herz pochte und prophezeite das Jüngste Gericht.

„Die Aktei ...?", wiederholte er, als höre er das Wort zum ersten Mal.

Maya drang mit jähem Stimmaufwand auf ihn ein: „Konzentriere dich, Herman! Irgendwo müssen die Resultate niedergeschrieben sein!"

„Ach so, ja ...", gab er von sich; sein Blick schwenkte über Tische, Schränke und Computerterminale. „Dort drüben, links neben der Kopiermaschine."

Sie erreichte den mannshohen Schrank und rüttelte vergebens an der Tür.

„Der ist abgeschlossen", bemerkte sie. „Hast du einen Schlüssel?"

„Äh, nein." Herman knetete seine Hände. „Es ist wohl besser, wenn wir von hier abhauen. Hansen könnte gleich kommen."

„Schluss jetzt! Allmählich geht mir deine Quengelei auf die Nerven."

Sie behandelt mich wie den letzten Dreck, protestierte seine innere Stimme. *Ich versuche ihr zu helfen, riskiere meinen Job und alles, und was tut sie? Sie tritt meine Hilfe mit Füßen!*

Endlich hatte seine Geduld ein Ende und die Quelle seines Wohlwollens versiegte.

„Du kannst mich mal", rief er, und griff schon nach der Türklinke. „Ich will mit der Sache nichts mehr zu tun haben."

„Jetzt sei nicht gleich eingeschnappt! Wo ist der verdammte Schlüssel?"

„Versuch's mal in einer der Schubladen." Er deutete auf Hansens Schreibtisch, schob sein Kinn nach vorn und wandte sich zum Gehen.

Zum Vorschein kamen diverse Utensilien wie Kugelschreiber, Heftzwecken, Diktiergerät, Visitenkarten, Notizblock und Lineale. Die zweite Schublade musste sie mit Hilfe eines Brieföffners gewaltsam aufbrechen – ihr Innenleben enthielt ein Bündel Notizblätter, einen Reiseführer, ein Diktiergerät und, Lohn der Courage, ein Schlüsselbund.

Als Maya den vierten oder fünften Schlüssel ins Schloss des Möbels steckte, kam Bewegung in die Sperrvorrichtung und die

Metalltür sprang auf. Die alphabetisch geordneten Unterlagen enthielten Informationen über Versuchsreihen und deren Einflüsse auf die neurologischen Systeme der Patienten. Nun war Mayas Selbstkontrolle ein zerbrechliches Geflecht, jeder Aspekt ihres Daseins hing sprichwörtlich am seidenen Faden. Auf der Plasthülle einer Akte, die sie aus der Vergessenheit fischte, standen die Buchstaben *W. B.*

Im Hospital

Permanent quoll das Blut aus der klaffenden Wunde. *Verdammt noch mal, ich schaffe es nicht!*

Angesichts der nahenden Bewusstlosigkeit ärgerten ihn die Folgen seiner Aktion umso mehr. Blindlings war er drauflosgestürmt und hatte den Kerlen je eine Kugel in den Kopf gejagt – anstatt das Risiko sachlich abzuwägen. Dem Dritten im Bunde war es gelungen, herumzuwirbeln und ihm ein Messer in die Schulter zu rammen. Dann hatte er auch noch Zeit damit vergeudet, das Mädchen in einiger Entfernung auf eine Parkbank zu legen und als i-Tüpfelchen der Ritterlichkeit ihre Blöße zu bedecken. All das, während seine Kräfte schon nachließen. *Du wirst weich auf deine alten Tage, und das hast du nun davon!*

Während er sich Schritt für Schritt zum Wagen schleppte, verfluchte er den Zufall, der jeder Wahrscheinlichkeit spottete. Hätte er nicht anderswo anhalten können, um ins Gebüsch zu pinkeln – dann wäre er zwanzig Minuten später im Hotel gewesen? Noch hielt das Kokain seinen Körper in Bewegung, aber mit jedem Blutstropfen verlor er ein Quäntchen seiner Energie. Endlich stieß er die Wagentür auf und plumpste auf den Fahrersitz. Für die Dauer eines Herzschlags wich die Straßenbeleuchtung kompletter Finsternis.

Reiß dich zusammen! Nicht hier, nicht jetzt!

Er zwinkerte die Benommenheit aus der Stirn und konzentrierte sich auf die nächsten Handlungsabläufe. Wie einer, der erstmals hinter einem Lenkrad sitzt, wie ein blutiger Anfänger.

Er drehte den Zündschlüssel, ließ das Kupplungspedal in seine Ausgangsposition zurückgleiten und trat zugleich aufs Gaspedal.

Lichter stürzten kaskadenförmig auf die Frontscheibe zu, ineinander verwobenes Geschehen, Phasenverschiebung der Rücklichter, verschwimmende Lichterketten und Konturen. Wie torpediert schlingerte der Wagen über die Straße, das Brüllen des Motors wurde von Trompetenstößen übertönt. Summende Insekten schwirrten an den Rändern seines Gesichtsfelds. Zum Schluss wurde die Spalte seines Bewusstseins immer schmaler. Er lenkte das Auto um eine Kurve, stieß durch die Einfahrt des Krankenhauses und geradewegs in den Sog eines schwarzen Lochs.

Längst war Svetlana Pavloff eins geworden mit den Erniedrigungen und der Ausnutzung ihres Körpers. In Minsk, ihrer grau gesprenkelten Heimatstadt, hatte sie frühzeitig erfahren müssen, dass in Männerfantasien die Vagina eine dominierende Rolle einnimmt. Svetlana beherrschte die Sprache der Geilheit bereits, als andere Mädchen, denen eine behütetere Kindheit vergönnt war, noch nach ihrem Helden in Galauniform Ausschau hielten. Mit all dem Sperma, das in sie hinein und über sie geflossen war, hätte man eine Badewanne füllen können. Einen ganzen Whirlpool. Denn unter der Emaille einer gesellschaftlich verordneten Anständigkeit sprudelte es vor sexuellen Gelüsten. Jedes Mal wenn sie ihre Möse zu Vergnügungszwecken darbot, fielen den braven Familienvätern und seriösen Geschäftsmännern, den Arbeitern und den Beamten, fielen den Herren der Schöpfung reihenweise die Masken vom Gesicht.

An diesem Morgen jedoch erhörten ihre Gedanken ausnahmsweise nicht den Ruf des Fleisches. Zu unerbittlich war das Spiegelbild, welches ihr die Wahrheit vor Augen führte.

Der Arzt war bemüht, seiner aufgewühlten Patientin etwas Trost zu spenden.

„Nun ja, Frau Pavloff, auf dem ersten Blick sind diese Installationen natürlich nicht gerade vorteilhaft."

„Ich habe Schrauben im Gesicht!", klagte sie. „Gottverdammte *Schrauben!*"

Doktor Haagen räusperte sich verlegen, ehe er auf ein Neues ansetzte: „Wie gesagt, öhm, auf dem ersten Blick sind diese ... diese Schraubköpfe etwas ungewohnt anzusehen. Sie sind mit Sicherheit gewöhnungsbedürftig, doch Sie werden sehen, nachdem Sie eine Zeitlang damit gelebt haben ... es ist alles eine Sache der Einstellung."

„Großer Gott, *nicht mein Gesicht!!*" Ihre Stimme bebte. „Es ist völlig entstellt, ich bin ein ...? ... ein Monster geworden!"

„Aber nein, ganz bestimmt nicht!", beteuerte der Mediziner. „Keinesfalls, Sie sind immer noch eine sehr hübsche Frau. Ein Mann, der Sie wirklich liebt, wird auch ihre Makel akzeptieren."

„Mich lieben?" Tränen schossen ihr in die Augen. „Mich will doch kein Mann mehr haben, SO BESTIMMT NICHT!"

Väterlich legte der Doktor eine Hand auf ihre Schulter. „Svetlana! Ich darf Sie doch so nennen? Denken Sie bloß einmal an all die Frauen, die auffällige Piercings in Form von Kugeln und Ringen im Gesicht tragen. Heutzutage ist es doch geradezu normal, seine Individualität optisch hervorzuheben."

„*Piercings ...?*" fragte sie entgeistert.

Es gelang ihr nicht, das fremdartig klingende Wort mit ihrer Verzweiflung zu vereinbaren.

„Damit wollte ich lediglich zum Ausdruck bringen, dass Schönheit ein relativer Begriff ist."

„Womit soll ich denn jetzt mein Geld verdienen?" Sie sprach ausschließlich an sich selbst gerichtet, der Arzt hatte die Hemisphäre ihrer Gedankenwelt verlassen. „Ich kann nicht mehr Anschaffen gehen, die Freier werden einen weiten Bogen um mich machen!"

Diese Aussage, ungeschminkt und erbittert, bereitete dem Mann der Praxis einiges an Unbehagen.

„Nun ja, wie dem auch sei", entgegnete er, um Sachlichkeit bemüht. „Wollen Sie gegen den Täter ... ähm ... Ihren Zuhälter Anzeige erstatten?"

„Gegen Freddy? Der bringt mich um!"

„Die Polizei ist hinter dem Mann her, er wird wegen schwerer Körperverletzung und versuchten Mordes gesucht. Er hat unseren Krankenpfleger halb totgeschlagen! Kenneth ist in ein künstliches Koma versetzt worden. Bislang weiß man nichts Genaues über den gestrigen Vorfall."

„Ich will nach Hause", flüsterte sie, und ihre Stimme glich der eines Kindes.

Haagen lief fast über vor Verständnis.

„Selbstverständlich, Svetlana, aber ja, sicher. In zwei Tagen werden Sie entlassen, dann können Sie nach Hause gehen und ihre Zukunftspläne in Ruhe überdenken."

Er lächelte sie an. „Das Sozialamt wird sie unterstützen, bei uns in Dänemark muss niemand Hunger leiden. Kopf hoch, Svetlana, es wird schon wieder!"

In Gedanken entwich sie dem Gerede; fern der dänischen Grenze errichtete sie eine Zufluchtsstätte.

„Ich will zurück nach Minsk."

Kriminalkommissar Brøyer war die Begeisterung förmlich anzumerken.

„Der Mann ist also gestern Abend mit einer tiefen Stichwunde hier eingeliefert worden?"

„Er ist selbst bis vors Portal gefahren", korrigierte die Dame an der Rezeption. „Blutüberströmt."

„Bei Ihnen ist wohl ganz schön was los in letzter Zeit", wunderte sich der Kommissar.

„In letzter Zeit?", kam die Erwiderung. „Wir befinden uns in einem Krankenhaus!"

Brøyer nickte. „Allerdings, bei Ihnen segelt sogar das Personal aus dem Fenster."

„Der arme Kenneth", stimmte sie zu, vorübergehend ratlos. „Wahrscheinlich hat er das Mädchen beschützen wollen, er war so ... ist so ein netter Junge."

Dem Kummer zugetan, schüttelte sie ihre Dauerlocken. „Haben Sie den Täter schon gefasst?"

„Nein", sagte der Kommissar, „aber wir kennen den Mann, ein alter Bekannter. Gefährliche Type!"

Sie deutete hinüber zum Zeitungsstand, das nächtliche Ereignis war der Aufmacher aller Gazetten.

„Und die drei Toten im Park, was ist damit?"

„Sie kombinieren schnell", lobte er die Dame grundlos. „Genau deshalb bin ich hier. Der Mann mit der Stichwunde, haben Sie seinen Namen?"

„Mehr als das sogar." Ihre Finger öffneten eine Schublade und entnahmen einen Pass ausländischer Herkunft. „Hier, bitte."

Kommissar Brøyer war perplex. „Weshalb haben Sie uns nicht früher davon unterrichtet?"

„Haben wir doch", widersprach sie entrüstet. „Der Mann heißt Volker ... ähm, weiß nicht mehr, jedenfalls ein Deutscher, das haben wir der Polizei alles mitgeteilt."

„Schwamm drüber", er hatte sein Gleichgewicht zurückerlangt. „Der Mann ist ja noch da, und allein darauf kommt es an."

Er warf einen Blick auf die Fotografie, dann machte er sich daran, die Personalien zu prüfen.

„Volker Vogtmann, geboren 1973 in Düsseldorf, ein Meter sechsundachtzig, dunkelbraune Haare, braune Augen, keine besonderen Merkmale."

Ein Ameisenheer krabbelte über ihr Rückgrat.

„Ohh! Und Sie denken tatsächlich, dass der Mann drei Morde auf dem Gewissen hat?"

„Tja ... schon möglich", sagte er. „Jedenfalls haben wir ein langes Messer am Tatort gefunden."

„Oh!" Sie zuckte zusammen. „Ich verstehe."

„Mal sehen, was die Blutproben ergeben."

Vielsagende Blicke auf beiden Seiten.

Brøyer kratzte sich am Kinn. „Und wann ist der Mann vernehmungsfähig – wer kann mir diesbezüglich Auskunft erteilen?"

„Doktor Andersen, er hat den Patienten operiert." Sie sah auf die Uhr. „Der liegt aber noch im Bett, nehme ich an. Soweit ich weiß, hat der Patient literweise Blut verloren. Er ist außer Lebensgefahr, doch sein Zustand dürfte kritisch sein. Heute können Sie den Mann auf keinen Fall vernehmen."

„Na gut", seufzte Brøyer. „Doktor Andersen soll sich unbedingt bei mir melden. Könnten Sie ihm so bald wie möglich Bescheid geben?"

„Selbstverständlich", ereiferte sich die Dame. „Wir kümmern uns darum."

„Gut, es ist sehr wichtig! Vorerst werde ich einen Kollegen hinzuziehen, der wird das Zimmer des Verdächtigen im Auge behalten, sicher ist sicher."

„Zimmer 32", hörte er die Frau noch raunen, doch Brøyer hatte sich schon abgewandt, um telefonisch einen Mitarbeiter der Fahndungsbehörde einzuschalten.

Ein Zugriff auf die internationale Datenbank sollte Aufschluss geben, inwiefern nützliche Informationen über Volker Vogtmann gespeichert waren. Brøyers Spürsinn war aufs Schärfste aktiviert, ihm zufolge lag hinter den Begebenheiten mehr als ein zufälliges Aufeinandertreffen krimineller Energien.

Enthüllung

Unter Blitzlichtgewittern erstrahlten die verästelten Nervenfasern und bildeten untereinander neue Verbindungen, Synapsen schickten über große Weiten hinweg Photonen in das Zentrum des wirbelnden Sternenhaufens. Beim Zusammenprall der energiegeladenen Teilchen fanden Initialzündungen statt. Aus den Niederungen des Alls tauchten Fragmente verinnerlichter Welten auf, vereinten sich durch die Schwerkraft des Gedankens zu kompletten Systemen. Wie ferne Sonnen, die ihr Licht aus dem Dunkel der Vergangenheit schleudern, beleuchteten Punktstrahler der Erinnerung das Geschehen vor der Gegenwart. Erschufen die Wesenheit und den Umdrehungspunkt seines Daseins. Jeder Eindruck kam der Geburt einer Galaxie gleich im Mikrokosmos des Gehirns. Bruchstücke zersprengten die Kruste seiner Amnesie, immer neue Manifestationen der Vergangenheit quollen hervor und nahmen Gestalt an. Jedes Bild ging aus einem anderen Bild hervor und schuf ein Kaleidoskop vergangener Erlebnisse. Vergessen geglaubte Impressionen, spezifische Wahrnehmungen, Assoziationen, Stimmungen, Puzzle für Puzzle setzte sich seine Geschichte aus dem Fundus der Erinnerung zusammen und rekonstruierte sein Leben.

Versuchsreihe 3

Kopenhagen, 6. 11. 2018. Projekt Tidevand

Beobachtungen am Fall W.B., männlich, 35, Gradenigo-Syndrom, latente Paranoia. Medikamente Phase 1: Bænoteztylen 15 mg, Golizeptaron 10 mg, Genophostat 20

mg, Bantax Y. 5 mg. Behandlungsweisen: Elektrolytische Impulse, Hypnotische Virtualität, Rückkopplungs-Methode, ID-Kontrolle.
Anmerkungen: Temporäre Fehlfunktion im konnexalen Bereich behoben. Bantax abgesetzt, Blutung der Schleimhäute. Symptome Gradenigo gemildert, Genophostat-Verträglichkeit: optimal.

Kopenhagen, 14. 12. 2018. Projekt Tidevand

Fall W.B., Phase 2: Interferenzen der Zellstrukturen am Delta-Ortex, Golizeptaron abgesetzt. Genophostat 30 mg. Hypnose-Intervalle schrittweise verkürzt, leichte Desorientierungsprobleme.
ID-Kontrolle: Verdacht auf Schizophrenie, EKG-Kurve konstant.

Kopenhagen, 8. 1. 2019. Projekt Tidevand

Fall W.B., Phase 3: Abnormale Wucherung des Delta-Ortex. Genophostat 50 mg. Elektrolytische Impulse auf Maximal erhöht. Kurzzeitige Gedächtnisstörungen, Hypnose-Intervalle rückwirkend verdoppelt. Anzeichen von psychischer Dislozierung, EKG-Kurve stark abweichend.

Kopenhagen, 21. 1. 2019. Projekt Tidevand

Fall W.B., Phase 4: Schwere Dysfunktion des zentralen Stammhirns, fortgeschrittene Abnormalität, Versuchsreihe unterbrochen.
Alternativ: Beta-Blocker 10 mg, Placebo (3 x tgl.), Rückkehr zum formalen Untersuchungsschema, EKG-Kurve neutral(isiert).

Kopenhagen, 3. 2. 2019. Projekt Tidevand

Fall W.B.
KEINE WEITEREN EINTRAGUNGEN, UNTERSUCHUNG ABGESCHLOSSEN.

gez. Dr. Emil Skelby
i. A. Dr. Steen Kofoed

Maya starrte auf das medizinische Gutachten, einen dämonischen Plan, der die Saat des Irrsinns gedeihen ließ. Ihr fröstelte, als stünde sie auf einem Planeten aus Eis. Das Zittern fuhr in ihre Glieder und bahnte sich einen Weg zur Herzkammer. Von einer Sekunde zur nächsten kippte die Welt aus ihrer Achse. Ihr Fassungsvermögen hatte Mühe, die neue Realität anzuerkennen. Das Trauma erwachte zum Leben und quetschte den letzten Hoffnungsschimmer aus ihrer Brust. Sie stand lange da. Sie stand da, außerstande, der empor kriechenden Panik zu entgehen. Selbst dann nicht, als Schritte das Herannahen einer Person ankündigten.

Peter Hansen öffnete die Tür und zuckte beim Anblick der Gestalt zusammen.

„*Was machen Sie hier?*", fragt er, und sein Brustkorb hob und senkte sich wie nach einem 100-Meter-Lauf.

Maya wandte sich ihm zu; ihr Gesicht war kreidebleich.

„Wie sind Sie hier reingekommen? Wer hat Ihnen die Erlaubnis erteilt? Was halten Sie da in der Hand?"

Hin und her gerissen zwischen ihr und dem verräterischen Konvolut, mehrten sich seine Ahnungen.

„Aber ...! Das sind doch geheime Aufzeichnungen!", rief er, und trat einen weiteren Schritt ins Zimmer. „Wie kommen Sie dazu, in meinem Dossier herumzuschnüffeln?"

Er verschanzte sich hinter der Geste der Betroffenheit, doch in seinem Inneren erwachten Ängste zum Leben.

„Was ist mit Walter geschehen?", fragte Maya. „Was haben Sie mit ihm gemacht?"

Für sie schienen die Dinge des Daseins kontaminiert. Schlichtes Illusionswerk, fadenscheiniger Mummenschanz.

Hansen versuchte sich herauszuwinden.

„Mit wem?", setzte er die Heuchelei fort, obwohl er die Unabwendbarkeit seines Ruins erkannte.

„WALTER BACH, MEINEM FREUND!"

Die Worte schallten in seinen Ohren.

Irgendwann musste es ja so kommen! Irgendwann musste das Lügenkonstrukt einstürzen und sämtliche Mitverschwörer unter sich begraben.

„Was haben Sie mit ihm gemacht?", wiederholte sie. „Ist er ... ist er tot?"

Ihr Vorstellungsvermögen entwarf Szenarien, die an Schrecken keinen Mangel litten.

„Niemand kann Ihnen darauf eine Antwort geben", erwiderte Hansen. „Walter ist von heute auf morgen ... verschwunden, einfach so, mehr wissen auch wir nicht."

Er hatte den Punkt ohne Wiederkehr überschritten, keiner, nicht mal Steen Kofoeds Omnipräsenz, konnte dem Lauf der Dinge jetzt noch Einhalt gebieten.

„Ich glaube Ihnen kein Wort!"

„Maya, bitte", fing er an, „Sie müssen mich verstehen, es war alles eine ... eine unglückliche Verstrickung von ... wie soll ich sagen? Ich bin da ungewollt hineingeraten. Wenn mir damals jemand..."

„SIE HABEN MICH ZUM NARREN GEHALTEN ... IHR STECKT ALLE UNTER EINER DECKE!" Mayas Abscheu war grenzenlos. „DU HAST DIE GANZE ZEIT GEWUSST, WAS MIT WALTER GESCHEHEN IST! IHR HABT AN IHM HERUMEXPERIMENTIERT UND EURE SCHEISSMEDIKAMENTE AN IHM AUSPROBIERT! IRGENDWAS IST DABEI SCHIEFGELAUFEN, HIER IST DER BEWEIS!"

Sie hielt ihm die Akte wie ein Fragment der Klagemauer hin.

„WIE KONNTE ICH NUR SO BLIND SEIN? EIN JAHR LANG HABE ICH FÜR EUCH GEARBEITET, UND IHR MISTKERLE HABT WEITERGEMACHT ALS OB NICHTS GEWESEN WÄRE. ICH HÄTTE ES WISSEN MÜSSEN, IHR HABT MICH RUHIGSTELLEN WOLLEN, DAS JOBANGEBOT WAR EIN ABLENKUNGS-

MANÖVER!" Maya konzentrierte ihren Hass auf ihn. „DU ZYNISCHES SCHWEIN! DU HAST MIR VON ANFANG AN ETWAS VORGESPIELT!"

„Es war Kofoeds Idee", unterband er seine Anklägerin, „er hat mich gebeten, Ihnen eine Stellung freizumachen. Aber Sie müssen mir glauben, niemand von uns weiß, was mit Walter geschehen ist. Vielleicht hat er sich ..."

Er hielt abrupt inne, als ihm die Tragweite des Gedankens zu Bewusstsein kam.

„Sich das Leben genommen? Was habt ihr Mistkerle mit ihm angestellt?"

„Aber wir haben das Experiment abgebrochen, als die Situation unerträglich wurde", beteuerte Hansen. „Ich bedaure dies alles wirklich, Maya! Seither quält mich mein schlechtes Gewissen. Im Grunde bin ich erleichtert, dass die Sache endlich ans Licht gelangt."

„Wie hätte ich denn ahnen können, dass ihr Walter systematisch zugrunde richtet? Seine Migräneanfälle und die Schlafstörungen habe ich auf den Umfang der letzten Versuchsreihe zurückgeführt, ich wollte unbedingt an eine Genesung glauben."

„Ich gehe davon aus", sagte Hansen kleinlaut, „dass wir damals eine eingekapselte Schizophrenie aus ihrer Latenz erweckt haben."

„ICH WILL WISSEN, WO WALTER IST!"

„Womöglich hat er das Gedächtnis verloren, das würde zumindest erklären, warum er niemanden um Hilfe gebeten hat."

„Aber wo ist er? Ich ... ich begreife das alles nicht."

Schamesröte schoss dem Doktor ins Gesicht. Er blickte zur Wand und suchte dort nach einer Antwort.

„Ihr habt ihn umgebracht", stellte Maya fest.

Sie klammerte sich an die Akte, als wäre sie ein Teil ihres vermissten Freundes.

„Ihr benutzt Menschen wie Versuchsobjekte, letztendlich geht es euch nur um den Profit. Ihr scheut keine Mittel und denkt bloß an den eigenen Vorteil!"

Er nickte.

„Aber damit ist jetzt Schluss, keiner von euch soll ungeschoren davonkommen!"

Peter S. Hansen protestierte nicht, das Fegefeuer war angerichtet, er war bereit hineinzuspringen und für seine Sünden zu büßen. Doch mehr als das, wollte er Kofoed lichterloh brennen sehen.

Auf der Flucht

Die Abwesenheit von Materie, des Weltgeschehens ...

Robert existierte nicht mehr, weder eine dunkle Höhle noch eine Wolke aus tiefschwarzer Tinte konnten sich mit einer solchen Abwesenheit messen. Und doch kehrte sein Bewusstsein ins Pandämonium des Lebens zurück, erfassten seine Sinne die Vorspiegelungen von Raum und Zeit, als beinhalteten sie eine ewig gültige Plausibilität.

Ein pochender Schmerz! Er öffnete die Augen: farblose Wände, grelles Licht, Krankenhausinventar. Er spähte durchs Fenster. Am Wuchs einer Buche konnte er die etwaige Höhe des Stockwerks abschätzen. Seine Optionen waren begrenzt; waghalsige Szenarien, die ein Abseilen aus dem Fenster bedingten, musste er verwerfen. Vor wenigen Stunden hatten die Ärzte seine Schulter zusammengeflickt und ihn mit Antibiotika und Blutkonserven versorgt. Der einzige Weg nach draußen führte über die Türschwelle. Doch wieviel Zeit war inzwischen vergangen? Sicherlich hatte man die Toten im Park längst gefunden. Der Kripo würde es kaum schwerfallen, die Spur bis zu ihm ins Krankenhaus zu verfolgen.

Hatte man bereits einen Wächter auf dem Flur postiert?

Im Bett zu seiner Linken lag ein Kahlkopf und erholte sich von einem operativen Eingriff. Sein rhythmisches Schnarchen ließ erahnen, dass er für geraume Zeit ruhig gestellt war. Darin erkannte Robert seine beste, um nicht zu sagen, seine einzige Chance, aus dieser Lage zu entkommen. Mit sparsamen Bewegungen trat er in Aktion. Er durchsuchte den Kulturbeutel seines

Bettnachbarn und wurde fündig. Das vordergründige Problem ließ sich dank eines Rasierapparats und einem niedrigen Maß an Eitelkeit bewältigen. Daraufhin pappte er ein Büschel Haare an den Schädel des Bewusstlosen. Als letztes veränderte er die Position der mobilen Betten in umgekehrter Anordnung.

„Moment!"

Ein Uniformierter versperrte der gebeugten Gestalt den Weg. „Wohin wollen Sie? Wie heißen Sie?"

Robert, glatzköpfig und im Nachthemd, benutzte ein rollendes Stativ als Stütze.

„Was … was sagen Sie da?", ächzte er unter großem Kraftaufwand. „Ich muss dringend zur Toilette! Magenweh!"

Der Polizist suchte sekundenlang nach dem verlorenen Faden. Dann schaute er über den kahlen Schädel hinweg und überzeugte sich davon, dass der Verdächtige nach wie vor unter seiner Bettdecke lag.

„Nichts für ungut. Ich tue lediglich meine Pflicht."

Außer Sichtweite des Polizisten löste Robert seine Hand von der Stütze. Doch im Augenblick des Triumphs richtete er den Oberkörper zu schnell auf. Ein stechender Schmerz entlud sich in der Schulter. Er verlor das Gleichgewicht und taumelte gegen eine Wand.

„Alles in Ordnung mit Ihnen?", fragte eine Dame im Morgenrock.

„Geht schon", behauptete er, und schleppte sich weiter.

Im Treppenhaus kam ihm eine Krankenschwester entgegen; sie schien keine Notiz von ihm zu nehmen. Im Erdgeschoss quälte sich die Armee der Leidenden über die Krankenhausflure. Er schlüpfte durch einen Türspalt und entdeckte ein Sortiment an Reinigungsmitteln und sanitären Utensilien. Overalls baumelten frisch gewaschen von einer Stange. Robert schnappte sich eine passende Kombination und ließ das Nachthemd hinter einem Besenschrank verschwinden.

Seine Rettung trug fettes Make-up im Gesicht, hatte ihre Haare rot gefärbt und bewohnte eine Parterrewohnung im Zentrum der Stadt.

„Wer ist da?", tönte es aus der Sprechanlage.

„Ich bin's, Robert."

„Wer?", fragte die körperlose Stimme.

Er konnte sich kaum auf den Beinen halten.

„ICH BIN'S, ROBERT AUS DEUTSCHLAND!"

„Ach ...? Robert! Was machst du denn hier?"

Mach endlich auf, du blöde Nuss!

Ein Summen ertönte; er lehnte sich gegen die Tür und polterte ins Treppenhaus. Im Türrahmen erschien Maiken, heilandsmäßig erleuchtet.

„Robert?", platzte sie heraus. „Was ist denn mit dir passiert?"

Die glatzköpfige Erscheinung vertrug sich nicht mit ihrer Erinnerung.

„Wie siehst du denn aus?"

„Das ist eine lange Geschichte", ächzte er. „Ich brauche dringend deine Hilfe."

„Meine Hilfe?" Maiken ließ ihn eintreten. „Du brauchst eher einen Arzt! Soll ich... "

Er fuhr herum. „Keinen Arzt! Mir geht es gut, ich muss mich bloß ausruhen."

„Ich dachte nur ... Was ist denn geschehen?", fragte sie, während Robert der Länge nach aufs Sofa fiel.

Sie bekam eine windige Geschichte aufgetischt.

„Jemand hat mich niedergeschlagen und anschließend ausgeraubt. Ich bin gestern ... "

„WAS!", rief sie voller Empörung. „Dann müssen wir sofort die Polizei verständigen!"

„Eben nicht", brachte er die Nervensäge zur Räson. „Ich arbeite im Auftrag der deutschen Steuerfahndung, mein Interesse gilt einem hiesigen Unternehmer. Ich darf keine Zeit vergeuden, während der Kerl drauf und dran ist, das Weite zu suchen."

Beeindruckt, dennoch misstrauisch, schüttelte Maiken ihren Rotschopf. „Aber du hast mir doch erzählt, du seist Autohändler."

Sie trat näher an ihn heran. „Und die komische Kleidung ... Was ist damit?"

Er winkte ab. „Ist doch egal! Ich werde mir später ein paar Sachen besorgen, bis dahin muss ich mich ein wenig ausruhen."

Sie akzeptierte die Bedingungen. „Soll ich dir etwas zu trinken holen?"

„Starken Kaffee, eine Kanne voll."

Seine Bitte quittierte sie mit Gekicher. „Kommt sofort."

„Kann ich mal dein Telefon benutzen?"

Sie reichte ihm ein pinkfarbenes Handy.

Gleich darauf klirrten nebenan Teller und Tassen. Anderswo, in einer Århuser Wohnung, erklang eine Abfolge von Klingeltönen.

„Det er Maya."

„Hier ist Robert."

„Robert!" Im Nu tauchte sie aus ihrer Lethargie auf. „Ich habe schon mehrfach versucht, Sie zu erreichen! Wo sind Sie denn?"

„In Kopenhagen. Mein Handy ist gestohlen worden. Gibt es Neuigkeiten?"

Ihre Stimme überschlug sich fast: „Ich bin so blauäugig gewesen! So dumm! Wieso habe ich nicht viel früher meine Augen aufgesperrt?"

„Was ist passiert?"

„Sie hatten Recht. Ich habe eine Akte gefunden, aus der hervorgeht, dass während der letzten Behandlung etwas falsch gelaufen ist!" Sie verlor vollends die Beherrschung. „Es ist so schrecklich, total unfassbar! Ich hätte niemals die Arbeit an der Fakultät annehmen dürfen, niemals! Mir ist jetzt erst das gesamte Ausmaß bewusst! Alles ist..."

„Wo ist die Akte?", fiel Robert ihr ins Wort.

„Hier, bei mir zu Hause, ich habe sie mitgenommen. Ich wollte unbedingt zuerst mit Ihnen sprechen, bevor ich die Polizei informiere. Ohne Sie hätte ich niemals die Wahrheit erfahren."

„Keine Polizei! Zuerst müssen wir herausfinden, wer alles in diese Geschichte verwickelt ist ... danach sehen wir weiter."

„Doktor Hansen! Der ist ebenfalls darin verwickelt, ich habe ihn heute Morgen zur Rede gestellt!"

„Das hätten Sie nicht tun sollen", brummte Robert. „Jetzt hat er alle Zeit der Welt, seine Mitverschwörer zu verständigen."

„Er stand plötzlich vor mir, als ich das Archiv durchsucht habe", erläuterte Maya. „Ich hatte keine andere Wahl. Aber ich bin mir sicher, dass er den Mund halten wird."

„Warum sollte er das?"

„Auf mich machte er den Eindruck eines gebrochenen Mannes. Angeblich sei er froh, dass alles vorüber ist."

Er enthielt sich eines abfälligen Kommentars.

„Die Akte ist der einzige handfeste Beweis, den wir haben. Sie müssen die Papiere umgehend kopieren! Danach verstecken Sie die Abschriften an einem sicheren Ort und bringen das Original zu mir nach Kopenhagen!"

„Ich soll nach Kopenhagen kommen?"

„Wenn's irgendwie ginge. Leider kann ich die Stadt nicht verlassen." Seine freie Hand betastete die Bandage. „Ich hatte einen, ähm, Unfall ... aber kein Grund zur Beunruhigung."

„Sind Sie okay?"

„Mir geht's gut."

Maya schaute auf ihre Armbanduhr. „Ich werde Sie anrufen, sobald ich unterwegs bin. Wenn ich mich nicht irre, fährt ein Zug gegen fünfzehn Uhr nach Kopenhagen."

Maiken jonglierte ein silbernes Tablett um den Türpfosten, beladen mit einer Kanne Kaffee und zwei Porzellantassen, Smørrebrød und Schokoladenkuchen. Die Banalität des Arrangements drückte Robert ein gutes Stück tiefer ins Plüsch des Sofas. Er verabschiedete sich von Maya, Maiken und dem Rest der Welt und schlief ein.

Kollateralschaden

Die Bullen drehten ihn ordentlich durch die Mangel, allen voran raubte ihm diese Vogelscheuche von einem Kriminalkommissar den letzten Nerv.

„Wie oft soll ich es noch sagen?", lamentierte er. „Das Arschloch hat sich an meiner Frau zu schaffen gemacht, also habe ich ihm eins auf die Fresse gehauen: *Zack!* Was hätte ich denn sonst machen sollen: etwa dabei zusehen?"

„Sie meinen Frau Pavloff – oder sind Sie verheiratet?"

„*Verheiratet*, ne!" Angewidert verzog er das Gesicht. „Natürlich meine ich Svetlana, wen denn sonst?"

Brøyer verschränkte seine Arme vor der Brust, seinetwegen mochte morgen die Welt untergehen, er würde sich nicht von dieser Stelle rühren.

„Was genau soll Herr Østergaard ihrer Meinung nach getan haben?"

„*Wer?*"

„Der Krankenpfleger."

„Na gut, wenn ihr euch unbedingt einen drauf runterholen wollt: Er hat ihre Möse geleckt!" Freddy streckte seine Zunge raus und schwang sie blitzartig hin und her. „Lülülülülülllll! So hat er gemacht, jetzt zufrieden?"

Die beiden Assistenten unterdrückten den Impuls, draufloszulachen und damit den zweckgebundenen Ernst zu entschärfen. Ibsen verbarg sein Grinsen hinter einem Plastikbecher voll schwarzer Kaffeebrühe.

Kommissar Brøyer hingegen schien keineswegs erheitert. „Wegen Ihres Jähzorns gibt es dummerweise keinen Zeugen. Der einzigen Person, die zu Ihren Vorwürfen Stellung hätte nehmen können, haben Sie den Schädel eingeschlagen."

Freddy hämmerte eine Faust auf den Tisch. „Ich würde es wieder tun! Warum geht ihr nicht in dieses beschissene Krankenhaus und seht euch da mal um? Oder findet ihr es ganz normal, dass den Frauen dort die Mösen abgeleckt werden?"

„Das behaupten Sie", stellte Brøyer fest.

Ihm platzte endgültig der Kragen: „WARUM HÄTTE ICH DENN SONST DEM KERL DIE FRESSE POLIEREN SOLLEN? IHR KÖNNT MICH MAL!" Die Beamten wichen zurück, als seine Spucke in alle Richtungen sprühte. „ER HAT SICH AN SVETLANA RANGEMACHT, DIESER DRECKSACK! ICH MUSSTE DEN MISTKERL FERTIGMACHEN, NIEMAND RÜHRT MEINE WEIBER AN! *NIEMAND!*"

„Reg dich ab", wagte Ibsen einen Vorstoß. „Die Schreierei verschlimmert deine Lage bloß!"

„Tja, hoffen wir, dass der Krankenpfleger wieder zu sich kommt", bemerkte Brøyer, „in dem Fall dürfte die Anklage auf schwere Körperverletzung im Affekt lauten." Er wandte sich an Ibsen. „Tja, aber wir werden wohl kaum überprüfen können, ob Østergaard seine Zunge irgendwo reingesteckt hat!"

Psychologisches Feingefühl gehörte fraglos nicht zu Brøyers Stärken. Das dreistimmige Gelächter wirkte auf Freddy wie eine Verhöhnung. Er hechtete aus dem Stuhl und mitten hinein ins Triumvirat. Blindwütig und zu allem entschlossen! Ein gezielter Faustschlag zerschmetterte Brøyers Nase, die Wucht des Aufpralls schleuderte den Kommissar gegen die Zimmertür, die mit Donnergetöse aus den Scharnieren brach. Ibsen taumelte um die eigene Achse und fummelte erschrocken seine Waffe aus dem Halfter.

„Nein!", rief sein Kollege, aber der Ruf verlor sich im Wirrwarr aus Fäusten und Flüchen und aus polterndenStühlen und brechenden Knochen.

Panisch entsicherte Ibsen die Pistole und ballerte im gleichen Augenblick drauflos. Die erste Kugel bohrte sich in den Fußboden, zwanzig Zentimeter neben seinem rechten Fuß. Das zweite Projektil streifte den Berserker am Nacken und schlug in ein Fahndungsfoto ein. Die dritte Kugel bahnte sich einen Weg durch Freddys Gedärme und die vierte zerfetzte seine Halsschlagader und setzte ihn endgültig außer Gefecht.

„Du Schwein!", entglitt ihm ein Krächzer ... und Sekunden später schaute er auf sich selbst herab.

„Du Schwein!"

Aufsteigend wie aus einer Meerestiefe, schöpfte Viktoria nach Atem. Ihr Blick brannte das Kainsmal auf seine Stirn.

Peter hatte die komplette Beichte abgelegt, sein Gewissen erleichtert und sämtliche Untaten – die beruflichen im Allgemeinen und die pervertierten im Besonderen – hatten das Licht der Welt erblickt.

Eisig war ihre Stimme: „Du hast es mit kleinen Kindern getrieben!"

Peter kroch zu Kreuze. „Glaub mir, Vicky, du bedeutest mir alles. Ich weiß ja selber nicht, was seinerzeit in mich gefahren war!"

Seine Augen füllten sich mit Flüssigkeit, das Kinn vibrierte. „Vielleicht sollte ich eine Therapie machen, ja, das sollte ich, und meine Probleme in den Griff bekommen."

„Mit kleinen Kindern!", wiederholte sie.

„Jungen Männern", hielt er dagegen. „Aber ich habe sie nicht dazu gezwungen."

„Nein, du hast ihnen Geld dafür gegeben!" Ihre Augen verengten sich. „Wie alt war der Jüngste denn? Nun sag schon!"

„Ähm, fünfzehn", log er, „oder sechzehn."

„Wir sind seit 35 Jahren verheiratet, wir haben eine gemeinsame Tochter, ein gemeinsames Leben!"

„36", korrigierte er.

Ihre Verachtung kannte keine Grenzen. „Weshalb hast du nie

etwas gesagt, wieso hast du deine Homosexualität vor mir verborgen?"

„Homosexualität?" Er konnte dem Begriff nichts Konkretes abverlangen. „Aber ich liebe dich doch, ich würde dich niemals verlassen."

Sie schnitt ein weiteres Stück Hoffnung aus seiner Brust: „Macht nichts, denn ich werde dich verlassen!"

„Es ist alles Kofoeds Schuld", beteuerte er. „Wenn der Hund nicht wäre, dann hätte ich nie und nimmer... "

„Was?", verscheuchte sie seinen Einwand. „Hat etwa er dich gezwungen, mit Halbwüchsigen ins Bett zu gehen?"

„Jungen Männern."

Sie machte einen Schritt vorwärts und verpasste ihm eine Ohrfeige. In diesem Augenblick war ihr seelischer Schmerz nicht mehr zu bändigen, ihre Gesichtszüge flossen auseinander und ein Weinkrampf schüttelte den Körper. Zwischen den Kontraktionen ihrer Qual stieß sie hervor: „Ich hasse dich!"

Peter zeigte sich bußfertig.

„Du hast ja Recht, Vicky, völlig Recht! Ich hätte es längst zugeben müssen, aber ich hatte so schreckliche Angst, ich wollte dich nicht verlieren, verstehst du?"

Er schickte sich an, ihren Arm zu berühren.

„FASS MICH NICHT AN!", spie sie aus, als verursache selbst der kleinste Kontakt einen Ausschlag. „ES IST VORBEI, ICH LASSE MICH SCHEIDEN!"

„Aber nein", wollte er sie beruhigen, „Wie kannst du so was sagen? Ich brauche dich doch, Vicky, jetzt mehr denn je! Wir werden die Sache gemeinsam durchstehen, ich versprech's dir."

„DIE *SACHE*! DU HAST DICH MIT DIESEM KOFOED EINGELASSEN, JETZT SIEH ZU, WIE DU AUS DEM SCHLAMASSEL WIEDER RAUSKOMMST! LASS MICH GEFÄLLIGST AUS DEM SPIEL!"

„Vicky!"

Sie rief ihm seine Feigheit ins Bewusstsein: „WÄRST DU

NICHT SO EIN ELENDER HANSWURST, WÄRE ES NIEMALS SO WEIT GEKOMMEN!"
„Aber ..."
Alles war aus! Der Zorn bündelte seine Gedanken und zielte auf ein imaginäres Ziel.
Ich werde dich zerstören, Kofoed, hörst du das! Es ist vorbei, jetzt wird abgerechnet, du bist dran!

Jemand betätigte mit Nachdruck eine Autohupe, Robert schreckte aus dem Koma und bemühte sich um Orientierung.
„Maiken?", rief er in die Stille hinein, doch niemand antwortete.
Seine Schulter schmerzte nach wie vor, so als wäre sie mit flüssigem Blei gefüllt. Auf dem Wohnzimmertisch stand das Tablett mit dem Stillleben. Der Kaffee war inzwischen kalt geworden, dennoch goss er einen Schwall Flüssigkeit in die Tasse und stopfte sich anschließend eine halbe Brotschnitte in den Mund. Für Tischmanieren war keine Zeit, bis zum Eintreffen des Zuges musste eine Serie von Dingen erledigt sein. Dazu gehörten ein Wechseln des Verbandes, die Einnahme eines Schmerzmittels und das Besorgen von unauffälliger Kleidung.
„Maiken?", versuchte er es ein weiteres Mal.
Die Alte hat doch wohl nicht die Polizei verständigt?
Gerade hatte er den Gedanken vollendet, klimperte jenseits der Wohnungstür ein Schlüsselbund. Gleich darauf kam Maiken herein.
„Oh, du bist wach", stellte sie unsinnigerweise fest. „Schau her, ich habe dir was mitgebracht."
Aus einer Plastiktüte kramte sie ein gestreiftes Hemd, eine sandfarbene Hose und eine Jeansjacke hervor.
„Hoffentlich passt alles", sagte sie mütterlich und zauberte zudem ein Paar Schuhe aus der Tüte.
Fürsorglichkeit war Robert stets unangenehm, nichtsdestotrotz lag auf seinen Lippen ein schwachsinniges Lächeln.

Obendrein hörte er sich selber sagen: „Vielen Dank, Maiken, du bist schwer in Ordnung!"
„Gern geschehen. Noch ein Stückchen Kuchen?"
„Ja, danke."
O Mann!

Die Abrechnung

Fraglos hatte die Polizei eine Fahndung nach ihm eingeleitet, einem 48-jährigen Deutschen, der mutmaßlich drei Männer ins Jenseits befördert hatte. Doch nirgends entdeckte er den Zipfel einer Polizeiuniform, ringsumher gingen Scharen von Touristen, ausgerüstet mit Reiseführern und Kamerataschen, die Sehenswürdigkeiten der Metropole ab. Hin und wieder spähte er über den Rathausplatz. Endlich, hinter einer Rentner-Truppe, entdeckte er eine vertraute Gestalt.

„Maya!"

Als sie ihn erreichte, fragte sie als Erstes: „Was ist denn mit Ihren Haaren passiert?"

„Welche Haare?" Er lüpfte den Filzhut und bot seinen Glatzkopf der Witterung preis.

„Ach ja … Sie hatten einen Unfall!", fiel es ihr ein. „Hat es vielleicht damit zu tun?"

„Indirekt", murmelte er, das Thema unterbindend.

„Wir können uns duzen, wenn du willst. Tut mir leid, dass ich gestern so ausgeflippt bin."

Zwischen den Begriffen Jetzt und Gestern lag gehöriger Abstand.

„Ich kenne eine Kneipe ganz in der Nähe", schlug er vor, „dort können wir uns unterhalten."

In Anbetracht seiner zögerlichen Schritte, musterte sie ihn von der Seite.

„Alles okay?"

„Wir sind gleich da", sagte er nur.

Beim Überqueren einer Straße tobte das Chaos, röhrten Motoren, wuchs der Druck hinter seinen Augäpfeln.

Abgesehen von der Trinker-Gilde an der Theke war die Kneipe leer. Sie setzten sich in ein Hinterzimmer, schwach erleuchtet und warm wie ein Mutterleib.

Robert bot ein Bild des Verfalls. Er hatte eine Handvoll *Panodil* geschluckt, dennoch war ihm zumute, als steckte sein Schädel in einem Aquarium. Er warf einen Blick in die Akte und wusste auf Anhieb um ihre Bedeutung. Umso mehr, als er die Signaturen auf der letzten Seite untersuchte.

„Wir kriegen die Bande", stellte er fest. „Kofoed und seine Handlanger können einpacken."

„Aber was machen wir jetzt?", fragte Maya. „Müssten wir nicht die Polizei informieren?"

„Nur nichts überstürzen." Robert berührte flüchtig ihren Arm. „Die Polizei wird ohnedies erst in Aktion treten, sobald ein Richter einen Durchsuchungsbefehl ausgestellt hat. Das kann unter Umständen Tage dauern."

Er hob die Mütze und kratzte sich am Hinterkopf. „Überhaupt sollten wir uns von denen keine Hilfe erhoffen. Wie ich die Sache einschätze, könnten sogar hohe Bonzen wie der Justizminister auf Kofoeds Seite stehen."

Sie nickte.

„Bislang jedenfalls hat die Polizei keinen Deut zur Suche beigetragen. Irgendwas ist faul an der ganzen Geschichte."

Die abrupte Erkenntnis, wessen Los die Akte offenbarte, dämpfte ihre Motivation. Sie blickte Robert an. „Glaubt du, dass Walter tot ist?"

„Ich bin mir nicht sicher", antwortete er. „Was hat übrigens dieser Doktor Dingsbums erzählt? Hat der sich geäußert?"

„Doktor Hansen? Angeblich hat er keine Ahnung, wo Walter abgeblieben ist. Ihm zufolge wisse niemand, was mit Walter geschehen ist, auch Kofoed nicht."

Sie unterbrachen ihr Gespräch, während die Kellnerin alkoholfreie Getränke und eine Schale mit Erdnüssen auf den Tisch stellte.

„Mit diesem Kofoed würde ich gern persönlich abrechnen", bemerkte er, „doch die Folgen des gestrigen Vorfalls verhindern dies leider."

In vertraulichem Tonfall fragte sie: „Was ist denn vorgefallen? Oder willst du nicht darüber sprechen?"

Gern hätte er die reine Wahrheit und nichts als die Wahrheit ausposaunt: *Drei Scheißkerle haben sich an einem Mädchen vergriffen, da habe ich meine 38er gezogen und kurzen Prozess mit ihnen gemacht!*

Er beließ es bei der Bemerkung: „Es würde keinem was bringen, die Angelegenheit hat ohnehin nichts mit diesem Fall zu tun."

„Ich verstehe."

Maya trank einen Schluck Cola, sammelte ihre Eindrücke. „Aber wie geht es nun weiter?"

„Du schickst Kopien der Akte an ein oder zwei namhafte Zeitungen, *Berlingske Tidende* zum Beispiel, oder an *Politiken*. Zusätzlich solltest du die Presse über Walters mysteriöses Verschwinden in Kenntnis setzen."

Er fingerte einen zusammengefalteten Papierbogen aus seiner Jackentasche. „Diesen Artikel habe ich im Internet aufgestöbert, er hat mich seinerzeit auf die Spur von Kofoed gebracht. Zusammengenommen müssten die Indizien eine gehörige Lawine ins Rollen bringen."

Patient von schwerer Nervenerkrankung geheilt.

Kopenhagen. Walter Bach (34), der jahrelang an einem schweren Fall des Gradenigo-Syndroms litt, wurde nach der Behandlung mit dem Medikament Genophostat – gezieltes Resultat medizinischer Forschung – als vollständig gesundet erklärt. Wie der leitende Arzt des Klinikums Sønderbakken, Doktor Steen Kofoed, der Presse gestern mitteilte, ist die Erkrankung, die mit beträchtlichen Schwindelanfällen und einer Lähmung der Augenmuskulatur einhergeht, auf eine lebensbedrohliche Verdickung der Stirnlappen zurückzuführen. Endoskopische Untersuchungen hätten den Nachweis erbracht, dass die Schwellungen dank der Verabreichung des neuen Wirkstoffs Genophostat sich markant zurückgebildet haben. Das verschreibungspflichtige Medikament wird des Weiteren bei der Bekämpfung sowohl depressiver Gemütszustände als auch akuter Gleichgewichtsstörungen erfolgreich eingesetzt. In Verbindung mit innovativen Behandlungsmethoden seien die medizinischen Anwendungsmöglichkeiten nahezu unbegrenzt, versicherte ein enthusiastischer Doktor Kofoed der anwesenden Presse.

Das größte Mysterium blieb jedoch unbeantwortet.

„Falls Walter noch am Leben ist, wo könnte er sich aufhalten?"

Er wählte seine Worte mit Bedacht: „Seit kurzem peinigt mich eine beängstigende Vorstellung."

Das Entsetzen schnürte ihr die Kehle zu, denn sie hatte dergleichen befürchtet.

„Mir geht es ähnlich."

„Sollte die Realität uns einholen, wird diese Geschichte bald ein extremes Ende finden."

Erhöhung der Dosis

Nach Anbruch der Nacht verließ Steen Kofoed das Klinikum und schmiegte seinen Hintern in den Sitz eines 330-PS-starken Aston Omega. Er fuhr nordwärts über die Küstenstraße Richtung Hellerup zur türmchenstolzen Patriziervilla. Per Fernsteuerung öffnete er das Tor seines Reichs und manövrierte den Sportwagen in die Tiefgarage.

Gleich darauf lief ihm aus zweierlei Gründen das Wasser im Munde zusammen: Christabelle, bekleidet mit geblümter Schürze und verführerischen Dessous, servierte den ersten Gang eines Feinschmecker-Menüs.

Beim Verzehr der Vorspeise *Zuppa di pesce* stimmte sein Mobiltelefon eine irritierende Melodie an: „*Dingel-dingel-ding ... dingel-dingel-ding ...*"

„Ja!", meldete er sich barsch, und gebot Christabelle Einhalt beim Fellatio.

„Guten Abend, Doktor Kofoed, hoffentlich störe ich Sie nicht. Mein Name ist Kent Skotte, ich arbeite als Journalist für *Politiken*. Wegen einer prekären Angelegenheit möchte ich gern um Ihre Stellungnahme bitten."

„Jetzt am Telefon?", polterte Kofoed, und spürte seine Erektion dahinschwinden. „Worum geht es denn, etwa um mein neues Präparat Lyptozeral?"

„Ich beziehe mich auf den kompromittierenden Inhalt einer Akte, die uns heute früh zugestellt wurde. Wären Sie bereit, im Rahmen eines Exklusivinterviews Ihre Sicht auf die Vorkommnisse darzulegen?"

Kofoeds Backenzähne zerkauten gerade eine Garnele, als die

Funktion seines Gehirns zeitweilig aussetzte und die Welt – wie er sie zu kennen glaubte – stehen blieb.

Unterhalb der Tischplatte wartete Christabelle auf weitere Befehle, vor dem Palaisfenster hing ein Vogel im Flügelschlag erstarrt, die Zeiger der Wanduhr zeigten auf neunzehn Uhr zwölf. Dem Zeitpunkt seines Untergangs.

Plötzlich schmeckte der kulinarische Traum nach bitterer Zersetzung. Der nächste Herzschlag pumpte einen Schwall Blut durch seinen Körper.

„Vorkommnisse? Wovon reden Sie überhaupt, Mann?" Er versuchte der Situation Herr zu werden. „Welche Akte?"

Kent Skotte bohrte das Skalpell der Wahrheit bis zum Anschlag.

„Die Akte *Walter Bach*! Die Aufzeichnungen belegen schwarz auf weiß, dass eine von Ihnen durchgeführte Behandlung unvorhergesehene Komplikationen verursacht hat. Damit nicht genug, gilt Ihr ehemaliger Patient, Walter Bach, seither als vermisst!"

Kofoed kämpfte sich aus dem Stuhl und stopfte das eingeschrumpfte Ding in die Hose zurück.

WALTER BACH funkelte es in Leuchtschrift auf seiner Retina. Der nächste Name, der sich wie eine Säureinjektion durchs Gehirn ätzte, war PETER S. HANSEN!

Die Garnele blockierte seinen Schlund, er räusperte sich und spie den Brocken gemeinsam mit seinem Missmut zu Boden.

„Woher haben Sie diese Akte, wer hat Ihnen …? Was soll das überhaupt heißen: die Behandlung hätte unvorhergesehene Komplikationen ausgelöst? Was bilden Sie sich ein! Wissen Sie eigentlich mit *wem* Sie es zu tun haben? Das ist eine bodenlose Unterstellung, Sie wagen es, mich mit solch infamen Anschuldigungen zu überfallen?! Ich kenne den Chefradakteur Ihrer Zeitung persönlich! Herrn Bo … Bo …"

„Bent Thorbæk", half ihm sein Widersacher aus der Verlegenheit.

„Jawohl! Bent Thorbæk, ein guter Freund von mir! Sie können sich auf was gefasst machen, Skotte, das verspreche ich Ihnen! Sie werden von mir hören!"

„Ich handle im Auftrag von Bent Thorbæk", trumpfte der Journalist auf. „Er hat die Akte selbstverständlich begutachtet und mir persönlich den Auftrag erteilt. Die Sache kommt ohnehin ins Rollen, ob Sie wollen oder nicht. Immerhin könnten Sie Im Zuge eines Interviews Stellung beziehen."

„Was sagen Sie da? Wollen Sie mir drohen?"

„Eines ist sicher: sobald Sie strafrechtlich zur Rechenschaft gezogen werden, wird die Presse in Scharen über Sie herfallen, nicht zuletzt die Meute von *BT* und all den anderen Käseblättern!"

„STRAFRECHTLICH!", brüllte er ins Mikrofon. (Derweil Christabelle sich dezent ins Badezimmer zurückzog.)

„STRAFRECHTLICH! SIE ELENDER SCHMIERFINK! WOLLEN SIE MIR DROHEN? NOCH EIN WORT, UND ICH..."

Dazu kam es nicht.

Der Journalist unterbrach die Brüllerei und gab den Mediziner der Lächerlichkeit preis.

In dieser Sekunde, schwankend zwischen Zorn und Pragmatismus, erkannte Kofoed mit ganzer Klarheit, dass er die Dosis erhöhen müsste, um Walters unruhigen Geist ein für alle Mal zu überlisten.

Zwanzig Milligramm Lyptozeral und dreißig Milligramm Genophostat!

Seltsam, ohne Zusammenhang war die Welt, sie bildete keine inhaltlichen Konstellationen, besaß kein Zentrum, gestattete kein Gewahrsein, vermittelte keinerlei Erkenntnis. Befremdlich wie die Vulkanlandschaft des Merkur, wie das Dunkle in ihm, der zweiunddreißigste Dezember, die Nacht nach dem Morgen, das Leben nach dem Tod. Entzogen dem Verständnis, weit jenseits von Sinn und Zweck, ein traumatisierender Traum.

„Ich bin's, deine Mutter", behauptete die Fremde. „Du musst dich ausruhen. Bald wird alles besser werden. Bis dahin passt Doktor Kofoed auf dich auf."

„Keine Reaktion?", fragte die mündige Stimme.

„Nein, leider. Ob er sich an mich erinnert?"

Drähte wuchsen aus seinem Hirn, filigrane Tentakel speisten ein elektronisches Rückkopplungsgerät, statisches Knistern, Simulationen schlingerten irisierende Strukturen über einen Monitor.

„Nun ja, Sie müssen bedenken, dass der Krankheitsverlauf temporäre Gedächtnisstörungen zur Folge hat", dozierte Kofoed von oben herab.

In seiner Gegenwart wirkte die Frau noch mickeriger als sie naturbedingt bereits war.

„Ganz zu schweigen von den irreparablen Schäden am tiefer liegenden Kortex", fügte er hinzu.

Ein Gewicht, feucht und warm, drückte auf seine Stirn. „Besteht denn gar keine Hoffnung mehr?"

„Wir müssen Geduld haben", befand Kofoed. „Hinsichtlich seiner Verfassung will ich Ihnen nichts vormachen, Frau Bach. Walters Zustand ist nach wie vor kritisch. Trotz allem sind minimale Fortschritte zu verzeichnen, die mich alles in allem zuversichtlich stimmen."

Der Doktor legte eine Pause ein, bevor er fortfuhr: „Nicht zuletzt dank Ihrer finanziellen Unterstützung können wir dem Patienten die bestmögliche Behandlung gewähren."

Sie erkühnte sich zu einer kritischen Bemerkung: „Demnach sind Sie nicht der Meinung, dass sein Zustand sich verschlimmert hat seit meinem letzten Besuch?"

„Keineswegs!", erwiderte er. „Ein ungeübter Beobachter mag zu dieser Fehleinschätzung gelangen, doch ein Experte kann anhand des Eso-Konverters" – eine ausholende Handbewegung umfasste Drahtgestell, Kabelstränge und Aggregat, um dicht vor dem Bildschirm zu verweilen – „kann anhand des Eso-Konverters den konditionellen Echtzustand des Patienten mit hoher Wahrscheinlichkeit bestimmen."

„Sie müssen mich verstehen ...", sie seufzte, „... schließlich bin ich seine Mutter. Würde ich weniger Vertrauen in ihre Forschung setzen, hätte ich Walter längst nach Deutschland zurückgeholt."

„Damit wäre Ihrem Sohn nicht gedient!", untermauerte Kofoed ihre Entscheidung. „Wir arbeiten hier in Kopenhagen mit den modernsten Methoden auf den Feldern der Psychoanalyse, Neurologie und Medizinforschung. Walter befindet sich bei uns in den besten Händen. Sollte es uns gelingen, den paralysierenden Prozess einzudämmen, gar eine Umkehrung zu erzielen, kämen wir der Heilung einen gewaltigen Schritt näher."

Eine Weile standen beide stillschweigend nebeneinander und nickten ins Leere. Kofoeds zur Schau getragene Zuversicht schmolz allmählich dahin. Endlich unterband ein emsiges Piepen die Schweigeminute und forderte seine Aufmerksamkeit.

„Ich werde in eine andere Abteilung gerufen", gab er zu verstehen. „Falls Sie noch Fragen haben sollten, steht Ihnen Frau Rasmussen gern zur Verfügung."

Unschlüssig schaute sie auf das versteinerte Gesicht ihres Sohnes, das Haupt von hundert Elektroden umkränzt. Auf dem Bildschirm tanzten bunte Figuren, wie hingesprüht von der Hand eines Graffiti-Künstlers.

„Kann er überhaupt noch etwas wahrnehmen?"

„Durchaus, zumindest bis zu einem gewissen Grad. Aber ich würde sagen, er lebt in seiner eigenen imaginativen Welt."

„Was für eine Welt?"

Auf dem Weg nach draußen ergänzte er: „Hängt ganz von der Perspektive ab, Madame, ob sie einen Zustand als Wirklichkeit oder Traum empfinden."

„Ich verstehe nicht", murmelte sie.

„Ihm zuliebe bemühen wir uns, seine Wahrnehmung in bestimmten – wie soll ich sagen? – regulären Grenzen zu halten und den Schauplatz seiner Illusionen vorzugeben", sprach er rätselhaft.

Daraufhin eilte er mit ausholenden Schritten zur Medikamentenabteilung. Frau Bach blieb an der Peripherie ihres Vorstellungsvermögens hängen, dahinter lag ein mysteriöses Land. Ob daraus ein Zusammenspiel der Metaphern entsprang ... oder begann dort der Einstieg ins Jenseits?

Einstürzende Horizonte

Plötzlich wanderte Gottes Antlitz in sein Blickfeld, es verweilte zu seiner Rechten und sah mit väterlicher Ernsthaftigkeit hernieder.

„Dies hier ist unser schizophrener Fall", verkündete Kofoed über den Liegenden hinweg, „kombiniert mit einem Gradenigo-Syndrom. Sehr interessant. Der Patient befindet sich bereits seit zwei Jahren auf unserer Station."

Brabbelnde Laute verloren sich im Brausen einer fernen Brandung, Wellen streichelten in rhythmischen Intervallen seine Zehen.

„Unsere Maya", ein Lächeln durchzog die Kraterlandschaft, „kümmert sich mit viel Engagement ums Wohlbefinden unserer Patienten."

Die Delegation aus Finnland schob sich im Vierer-Kollektiv am Versuchsobjekt entlang.

Doktor Kofoed räusperte sich, dann kam er endlich zur Sache und stillte die Neugierde seiner Zuhörerschaft.

„Nun, ob die neuen Behandlungsmethoden einen langfristigen Effekt erzielen, das ist leider noch nicht absehbar. Aber wir hegen große Zuversicht und gehen davon aus, dass zumindest das Gradenigo-Syndrom unserer Kontrolle unterliegt."

Ein verwirrter Doktor Hansen trat aus der Kulisse und einen Schritt näher ans Krankenbett.

„Was genau wollen Sie damit sagen: *das Gradenigo-Syndrom unterliege unserer Kontrolle?*"

Kofoed taxierte ihn streng von der Seite.

„Also, Peter", nahm er die Herausforderung an, „damit will ich Folgendes behaupten: dass wir die Krankheitssymptome zwar unterdrücken, aber langfristig nicht beheben können!"

„Ach!"

„Es steigert die Lebensqualität des Patienten um einiges", warf Maya ein.

Ohne den Blick von Hansen zu lösen, erklärte Kofoed: „Ganz gewiss! Mittels der täglich verabreichten Injektionen ist es uns gelungen, einerseits die Lähmung der Augenmuskulatur, anderseits die schweren Kopfschmerzen auf ein Minimum zu reduzieren."

„Aber die schizoiden Anfälle sind seither akuter in Erscheinung getreten", protestierte Hansen.

„Jaaaa? Die schizoiden Anfälle stellen weiterhin ein Problem dar, sehr richtig. Doch wir müssen ihr Auftreten in einem völlig anderen Kontext betrachten. Unser übergeordnetes Ziel besteht darin, die verschiedenen Behandlungsbereiche – zu Gunsten des Patienten – sinnvoll miteinander zu vereinen."

Zu Gunsten des Patienten!, ging es Hansen durch den Kopf. *Du willst doch bloß deine neuen Präparate verscherbeln, eingebildeter Lackaffe!*

Wie zur Bekräftigung seiner Überzeugung, intonierte Doktor Kofoed nun ein altbewährtes Mantra: „Zwanzig Milligramm Lyptozeral und dreißig Milligramm Genophostat! Wärst du so freundlich, Maya."

Während die junge Ärztin eine Armbeuge freilegte, nahm Doktor Emil Skelby die Chance eines großen Auftritts wahr.

„Bringen Sie den Patienten anschließend in mein Behandlungszimmer", riss er das Geschehen an sich.

Es fiel ihm sichtlich schwer, die Vorfreude auf das Experiment zu unterdrücken.

„Heute möchte ich versuchen, besonders entlegene Gebiete des Unterbewusstseins zu orten und die sogenannten Sperrzonen der menschlichen Psyche zu durchdringen."

Davon zeigte sich die finnische Delegation mächtig beeindruckt; untereinander tauschte man Blicke aus, erzeugte ein adäquates Gemurmel.

Das Abschweifen seines Publikums wiederum trieb Kofoed zu neuer Höchstleistung an. Sein Schlusswort war an raumgreifender Dramatik kaum zu überbieten.

„Die Multi-Event-Forschung bahnt uns den Weg in eine neue Ära der medizinischen Errungenschaften. Was Sie hier bezeugen können, meine Damen und Herren, trägt maßgeblich zur Erweiterung unseres wissenschaftlichen Horizontes bei!"

Liegst du bequem, Walter? Entspann dich, ja, so ist's recht! Ich beginne jetzt zu zählen, alles ist in bester Ordnung! Konzentriere dich auf meine Stimme, sei ruhig und gelassen. Zehn, neun – du gleitest in einen Zustand absoluter Geborgenheit – acht, sieben – langsam sinkst du abwärts, immer tiefer ... immer tiefer – sechs, fünf – lässt die Alltagssorgen hinter dir, findest langsam zu deinem Kern zurück – vier, drei – erreichst die niederen Bereiche deiner Seele, ja, so ist's recht ... bald bist du angekommen – zwei, eins – deine Persönlichkeit verliert an Bedeutung, ihre Konturen lösen sich auf, dein inneres Wesen offenbart sich ... offenbart sich ... offen ... bart ... sich ...

„METAMORPHOSE!", schrie sein eingekapseltes Ich aus Leibeskräften.

„METAMORPHOSE!"

Niemand vernahm den Ruf.

Wie ein negativ geladenes Teilchen durchstieß er die Membran weltlicher Wirklichkeit. Taumelte hinab in die verborgensten Niederungen seiner selbst.

– – Wo bin ich? – –
– – Was geschieht mit mir? – –
– – Wer kommt da? – –
– – Du bist es? – –
– – Bin ich es? – –

– – Ist er es? – –
– – Sind *wir* es? – –
– – Ist kenne es? – –
– – Kennt es mich? – –
– – Ist alles eins? – –
– – Meiner Deiner? – –
– – Deiner Meiner ... ? – –
– – Keiner *einer*? – –
– – Einer *Keiner*? – –
– – Zu Ende denken! – –
– – Ohne mich denken – –
– – Immerzu denken – –
– – Endlos denken – –
– – Denken im Traum – –
– – Träumen im Denken – –
– – Denken im Denken! – –
– – Denken im Denken! – –
– – Denken im Denken! – –
– – Denken im Denken! – –
– – Denken im Denken! – –
– – Denken im Denken! – –
– – Denken im Denken! – –
– – Denken im Denken! – –
– – Denken im ... – –
– – *AUFHÖREN!!!*

Ohne Notiz von ihm zu nehmen, strebte die Ärzteschaft – palavernd und gestikulierend – auf die Ausgangsschleuse zu. Das Wägelchen mit den Utensilien (Schrubber, Eimer, Lappen, Reinigungsmittel und Bohnerwachs) übers Laminat schiebend, erledigte er das Einerlei seiner Arbeit. Der Stationsgang zog ich beachtlich in die Länge, je nach Gangfrequenz und Schrittmaß zwischen 62 und 66 Einheiten. Dankbar registrierte er die medikamentös verordnete Stille, die den gesamten Trakt einhüllte und die Menschen hinter den Türen in Vergessenheit geraten ließ. Über einen Brückengang erreichbar, lag die isolierte Abteilung im Ostflügel, um dadurch ein potentielles Übergreifen von Störungen auf andere Stationen auszuschließen. Die Viertelstunde Reinigungsintervall pro Zimmer konnte keine umfangreichen sanitären Maßnahmen gewährleisten. Er konzentrierte seine Bemühungen auf Fußböden, Waschbecken und das Abwischen der Beistelltische. Die Intimpflege der Patienten sowie das Wechseln der Bettwäsche fielen in Maikens Aufgabenbereich. Ihre Fürsorglichkeit lieferte die ideale Voraussetzung für diese Aufgaben. Kein einziger der insgesamt achtzehn Insassen war an diesem Tag ansprechbar. Sowohl sein Landsmann als auch das entstellte Mädchen aus Weißrussland vegetierten vor sich hin. Kein schöner Ort, den Dreck der Welt aufzuwischen und ins Abflussbecken zu leiten.

Sofern die Umstände es erlaubten, gönnte Robert sich kleinere Auszeiten, Erholungspausen, um gegen den Ansturm des Irrsinns besser gewappnet zu sein. Zu diesem Zweck missbrauchte er das Computerterminal in Kofoeds Büro und versetzte sich per Mausklick in die sagenumwobenen Welten der *Liquidator*-Tempelanlage. Er gelangte zu den Rekreationsräumen der Hochsicherheitszone, wo er seinen bevorzugten Streiter gegen die Mächte der Finsternis, den tödlichen „Xenomorphen", aktivierte. Ausgestattet mit einem doppelläufigen Pulsotronen-Werfer, einem schräg über den Brustkorb gespannten Metallgurt, an dessen Ösen ein Dutzend potenter Skittfitter-Granaten baumelten, und natürlich den unverzichtbaren Langsäbel *Megazapper*, machte er sich auf die Suche nach den Horden des Erzfeindes Vendor Khan. (Dem hinterhältigen Adversarius, der seit jeher die Kontrolle über den Planeten umspannenden Tempelbau erlangen wollte.) Auf dem ersten Level seines Vormarsches bekam er es mit einem vierarmigen *Taurus-Myloniten* zu tun, machte kurzen Prozess mit dem Feuer spuckenden Hampelmann und begab sich furchtlos in die nächste Kammer des weit verzweigten Tempelsystems.

Tabula rasa

„Bzzzzzzzz! Bzzzzzzz-zzzzz-zzzzz! Bzzzzzzzz!"
Aufhören! Weg mit dir!
Haltet mir die Fliege vom Leib! Gottverdammtes Insekt!
Gütiger Himmel, dieses Kribbeln ... es krabbelt, kribbelt ohne Unterlass.
Ihr müsst sie verscheuchen, wegpusten, abstreifen, fortwischen.
Totschlagen!
Kann nichts tun, keinen Finger rühren, keine Bewegung vollziehen, nur warten und bangen, unendliches Bangen.
„Bzzzz-zzzzzzzz! Bzzz-zzzzzz! Bzzzzzzz-zzzzz! BzzzzzzzzZZZZZZZZZZZZZZZ!"
Nicht am Ohr, in Teufels Namen, nicht am Ohr!
Weg mit dir! Weshalb kommt denn niemand, wo bleibt die Erlösung?
Welcher Tag ist heute, wie spät ist es? Wer verabreicht das Gegenmittel?
Grässlich, dieses Jucken und Flimmern, tausend winzige Beinchen auf der Haut.
„BZZZZZZZZ! BZZZZZ! BZZZZZZZ-ZZZZZZZ! BZZZZZZZ-ZZZZZZZZZZZ!"
Ich halte das nicht mehr aus! Schrecklich! Erbarmen!

B
z
z
z
z
z
z
z
z
z
z
z
z
z
z
z
z

Ja, ja! Flieg fort, summendes Mistvieh! Lass mich in Ruhe, lass mich hier liegen, lass mich hier vergehen, vergessen. Oder besser noch, viel viel besser noch: lass mich mit dir fliegen, schwerelos dahin, sausend durch den schmalen Spalt, nach draußen, in den Himmel hinter den Gittern. Schattenspiele, winkende Bäume, rasende Autos, höher und immer höher hinaus.

Menschen am Grunde des Bewusstseins, und keiner ahnt den Sinn, niemand kennt die Wahrheit. Ostwärt. Ein Gerangel am Hafen, Dinosaurierknochen, Abfallberge und Graffiti-Kult. Bilderchaos, bengalische Feuer, Gestank von Moder, Algenfäulnis, Hinfälligkeit. Verlockendes Vergessen, Stille und Abhandensein, Endzustand Unendlichkeit. Dort will ich hin, will niedergehen, dort, auf einem Abfallhügel am Hafen. Die Flügel falten und langsam erkalten. Bis das Augenlid flackert und den letzten Vorhang hebt. Stroboskopisch die Welt sich auflöst in ein beliebiges Weiß.

„Vater, bist du es?"
Ich bin es, mein Sohn.
„Wo bist du?"
Bei dir! Fürchte dich nicht!
„Was geschieht mit mir?"
Du hast sehr lange geschlafen.
„Werde ich wieder gesund?"
Dir geschieht nichts, sei beruhigt.
„Wer bin ich?"
Die Gesamtheit deiner Genome.
„Bin ich wie du?"
Niemand ist wie ich, keiner ist wie er.
„Gibt es einen Himmel?"
Es gibt die Unendlichkeit.
„Und die Ewigkeit?"
Ein und dasselbe.
„Muss ich sterben?"
Ja.
„Wird alles vorbei sein?"
Deine Wesenheit wird enden.
„Weshalb?"
Weil sie begonnen hat.
„Und du?"
Mein Vermächtnis bleibt bestehen.
„Bist du Gott?"
Gott im relativen Sinn.
„Hast du die Welt erschaffen?"
Du hast die Welt erschaffen. Sie ist die Wirklichkeit!

Inhalt

Tag X	7
Nähe distanziert	15
Nachforschungen	21
Paralleluniversen	27
Fehlfunktionen	33
Zungenakrobatik	39
Laterale Gewalten	47
Leid und Leidenschaft	53
Die Mausefalle	59
Überlebensinstinkt	65
Fleischvergiftung	71
Hinter der Schiebetür	77
Verschwörungstheorie	81
Kausalketten	87
Gewissen ad acta	93
Im Hospital	99
Enthüllung	105
Auf der Flucht	111
Kollateralschaden	117
Die Abrechnung	123
Erhöhung der Dosis	127
Einstürzende Horizonte	133
Tabula rasa	139

Vita

Peter Pitsch wurde 1963 in Herford geboren; er lebte unter anderem in Bielefeld, Berlin, Amsterdam, Rom, Kopenhagen und Nykøbing, Süddänemark.

Als Jugendlicher verfasste er Gedichte und Kurzgeschichten und versah diese mit Illustrationen.

Während seines langjährigen Aufenthalts in Italien sammelte er Erfahrungen als Schauspieler. Er war an zwölf Filmprojekten und mehreren Werbespots beteiligt und verkörperte „Den Tod" in einem Theaterstück. Er arbeitete mit Regisseuren wie Dario Argento, Lamberto Bava und Mauro Bolognini.

Anschließend reiste er nach Dänemark und wohnte einige Jahre im Kopenhagener Stadtteil Vesterbro, in derselben Gasse in der die Dichterin Tove Ditlevsen einst aufwuchs.

Anfang der Neunziger veröffentlichte er sein erstes Buch, diverse Publikationen folgten. Darüber hinaus erschienen seine Rezensionen, Gedichte und Prosatexte in Zeitschriften und Anthologien. 2000 zog er nach Nykøbing auf der Insel Falster. Peter ist Mitglied in der dänischen Schriftstellervereinigung „stORDstrømmen". Seit 2011 gibt der Brighton Verlag bei Frankfurt seine Werke heraus. Zu seinen Publikationen zählen Romane, Gedichtsammlungen, Erzählungen, Kinderbücher, Kunst- und Fotobände und ein Reiseführer. Seine bis dato bekanntesten Titel sind der satirische Roman „Kuckucksei-Syndrom" und der psychologische Thriller W.E.L.T. Neben dem literarischen Schreiben arbeitet er als Übersetzer und widmet sich dem Design von Bucheinbänden, der Fotografie und der bildenden Kunst. Seine Gemälde und Werke der Fotokunst werden im In- und Ausland ausgestellt.

2017 eröffnete Peter eine eigene Kunstgalerie in Nykøbings Latiner-Viertel. Weitere Informationen finden Sie auf den Websites des Autors bzw. Künstlers:

https://peter-pitsch-schriftsteller.com

https://galleri-peter-pitsch.com

WEITERE WERKE DES AUTORS ...

Wonderful Nykøbing
ISBN 978-3-95876-820-8 · 64 S.
Hardcover A4 · 2. Auflage · 29,90 €
„Ich bin Künstler und Schriftsteller, in Deutschland geboren, lebe jedoch seit geraumer Zeit im Ausland. Eines Tages begegnete ich einer Dänin auf der Piazza Navona in Rom. Acht Monate später verließen wir die Ewige Stadt und zogen nach Kopenhagen, wo wir fast zehn Jahre lang lebten. Schließlich zogen wir nach Nykøbing Falster, und 2017 eröffnete ich eine Kunstgalerie im Latiner-Viertel. Für mich sind das Städtchen und die Natur ringsum immer wieder eine Quelle der Inspiration. Es ist schön in Nykøbing, der kleinen Stadt mit Charme und Flair."

Anwesenheit – Lyrik
ISBN 978-3-95876-834-5
112 Seiten, 7 Illustrationen
Hardcover · 2. Auflage · 16,90 €
Schutt
Dieses schmuddelige triste Grau,
in der hintersten Ecke deiner Stadt,
ein zerstörter Puppenkopf, einäugig,
um ihn herum ein Haufen Schutt.
Ereignisse nehmen ihren Lauf,
niemand bewegt sich aus der Zeit,
keiner schaut zurück, weiß Bescheid,
überall schweigt die Vergangenheit.

... EBENFALLS ERSCHIENEN BEI DER BRIGHTON VERLAG® GMBH

Endlos endlich – Erzählung
ISBN 978-3-95876-829-1 • 104 S.
Hardcover • 2. Auflage • 16,90 €
Mir scheint, als würden alle Bäume nackte Trauer tragen an diesem Morgen, als kämen die wenigen Passanten von einem Begräbnis, gebeugt wie schwankende Geister. Wurde denn das Millennium mit Asche bestreut? Der Himmel war doch voll von Träumen um Mitternacht, von großen Wünschen, leutselig Zuversicht. Lachende Stimmen, die hervorperlten aus erhobenen Gläsern, Menschen reckten ihre Hälse gen Zukunft, silbriges Lametta noch in den Haaren.

Kuckucksei-Syndrom – Roman
ISBN 978-3-95876-833-8
Hardcover • 2. Auflage • 16,90 €
Disziplin und Charakterstärke haben sein Leben bestimmt. Wenngleich ihm dies nicht gerade eine Quelle der Freude erschlossen hat, so schuf er sich damit seine eigene kleine Welt, die in geregelten Bahnen ablief. Mit einem harmlosen Maulwurfshügel beginnt es: Seine Welt bekommt Risse, der suspekte Nachbar mischt sich laufend ein, und die profunde Angst vor Mutter Bürstensteif, die ihn gnadenlos bevormundet, entzieht seiner Hoffnung auf Liebe jede Grundlage. Als Mutter plötzlich entführt wird, fängt der Oberfeldwebel a.D. an, sein Dasein in Frage zu stellen und deckt ein Geheimnis auf, das sein Leben für immer verändern wird.

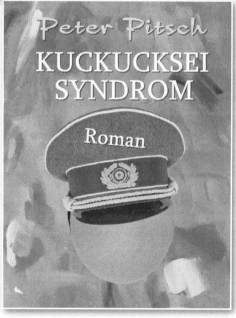

Der Familienbetrieb

 GmbH

hat es sich zur Aufgabe gemacht, Bücher und Filme
zu veröffentlichen, die eventuell von großen Verlagen
oder dem Mainstream nicht erkannt werden.
Besonders wichtig ist uns bei der Auswahl
unserer Autoren und deren Werke:
Wir bieten Ihnen keine Bücher oder Filme an, die zu Tausenden
an jeder Ecke zu finden sind, sondern ausgewählte Kunst,
deren Wert in ihrer Einzigartigkeit liegt
und die damit – in unseren Augen – für sich selbst sprechen.
Wir sind davon überzeugt, dass Bücher und Filme
bereichernd sind, wenn sie Ihnen Vergnügen bereiten.
Es ist allerdings unbezahlbar, wenn sie Ihnen helfen,
die Welt anders zu sehen als zuvor.
Die Brighton Verlag® GmbH sucht und bietet das Besondere –
lesen Sie selbst und Sie werden sehen ...
Ihr Brighton® Team
info@brightonverlag.com
www.brightonverlag.com

Korean Art Agency® GmbH
by Brighton Group